Schnell Start Kubernetes

2022

Nigel Poulton   @nigelpoulton

nigelpoulton.com

Über diese Ausgabe

Dies ist die Januar 2022 Ausgabe. Herausgegeben in 2022.

Viel Spaß mit dem Buch und viel Spaß mit Kubernetes!

Nigel Poulton

Übersetzer: Mattis Kleine

Cover-Gestaltung von **@okpaul**
twitter.com/okaypaul

Über den Author

Nigel Poulton (@nigelpoulton)

Hi, ich heiße Nigel. Ich lebe in Großbritannien und bin ein Techoholic. Tatsächlich ist das Arbeiten mit Cloud und Containern ein absoluter Traum für mich!

Mein früheres Berufsleben war extrem von Mark Minasi's Buch Mastering Windows Server 2000 beeinflusst. Seit ich es gelesen habe, wollte ich meine eigenen Bücher schreiben, um das Leben anderer so zu verändern, wie Mark's Buch mich verändert hat. Seitdem hatte ich das Glück, mehrere Bestseller schreiben zu können, darunter Docker Deep Dive und Das Kubernetes Buch. Das Feedback, dass ich für meine Bücher bekomme, erweckt in mir die Leidenschaft, so viele Menschen wie möglich zu erreichen und ihnen zu helfen.

Des Weiteren bin ich auch der Author von best-selling Video Kursen über Docker und Kubernetes. Meine Videos sind dafür bekannt, unterhaltsam und manchmal laugh-out-loud lustig zu sein (nicht meine eigenen Worte).

Eine vollständige Liste meiner Videos ist unter `https://nigelpoulton.com/video-courses` zu finden. Auf meiner Webseite, nigelpoulton.com, sind außerdem alle meine Bücher, mein Blog, wöchentlicher Newsletter und Weiteres zu finden.

Wenn ich gerade mal nicht mit Containern und Kubernetes arbeite, träume ich von ihnen. Wenn ich mal nicht von ihnen Träume, dann verbringe ich vermutlich gerade Zeit mit meiner jungen Familie. Außerdem mag ich American muscle cars, Golf, Sci-Fi Bücher, und bin Fan von Sunderland AFC (dem besten Fußball Team der Welt, wir machen bloß gerade eine schwierige Phase durch).

Ich suche immer nach Wegen, meine Bücher und Videos zu verbessern und bin jederzeit für Feedback und Kontakt offen. Also nimm Kontakt auf!

- twitter.com/nigelpoulton
- linkedin.com/in/nigelpoulton/
- nigelpoulton.com

Über den Übersetzer

Mattis Kleine

Mattis Kleine ist selber Entwickler und nutzt Kubernetes regelmäßig. Sein Englisch hat er während seines IT Studiums und eines zweijährigen Aufenthalts in den Vereinigten Staaten perfektioniert. Heute lebt er mit seiner jungen Familie in Norwegen. Seine Freizeit verbringt er beim Basteln seiner eigenen Erfindungen, beim Kitesurfen oder beim Restaurieren alter Hütten.

Die Übersetzung wurde von Jens Kruse unter Hinzufügung kleiner Veränderungen überprüft.

Inhaltsverzeichnis

Über das Buch

Wie der Titel schon sagt, handelt es sich hierbei um eine **Schnellstart** Anleitung für Kubernetes. <u>Es beinhaltet nicht alles über Kubernetes.</u> Viel eher geht es um den Kern und die wichtigsten Elemente, und zwar so klar und ansprechend wie eben möglich. Es ist außerdem eine gute Mischung aus Theorie und Praxis.

Für wen ist das Buch gedacht?

Für alle, die sich auf den neuesten Stand mit Kubernetes-Grundlagen bringen wollen und aufs *learning by doing* stehen.

Zum Beispiel …

… bist du ein Entwickler und musst herausfinden, was Container und Kubernetes überhaupt sind, dann ist dieses Buch für dich. Es eignet sich hervorragend, um sich in Sachen Virtual Machines, Netzwerk, Speicher, Datenbank und anderen herkömmlichen IT Fachgebieten zu spezialisieren. Auch für IT Manager und Architekten, die die wichtigsten Grundsätze verstehen und sich ein bisschen hands-on Erfahrung aneignen wollen, ist es gut geeignet.

Was deckt das Buch ab?

Du wirst lernen, *warum* es Kubernetes gibt, *was* es ist und *wo* es damit hingeht. Du wirst die Architektur von einem Kubernetes Cluster kennen lernen, einen solchen Cluster selber bauen, eine App containerisieren, sie deployen, kaputt machen, durch Kubernetes wieder in Ordnung bringen lassen, skalieren, und ein Update durchführen.

Wenn du damit durch bist, hast du Kubernetes verinnerlicht und bist bereit für deine nächsten Schritte. Und weil's ja eine Schnellstart Anleitung ist, bist du auch wirklich in kürzester Zeit auf Zielgeschwindigkeit.

Macht es mich zum Experten?

Nein. Aber du bist auf einem guten Weg.

Weiß ich, was Sache ist, wenn ich das Buch lese?

Jawohl. Naja … zumindest in Bezug auf Kubernetes ;-)

Taschenbuchausgabe

Eine hochqualitative Taschenbuchausgabe ist in vielen Ländern und Gebieten auf Amazon verfügbar.

Kindle und andere eBook Ausgaben

Elektronische Kopien gibt es auf:

- Leanpub.com
- Amazon

Ein Wörtchen bezüglich englischer Begriffe

Bei der Übersetzung dieses Buches musste häufig die Wahl zwischen dem Originalbegriff im Englischen und einer möglichen deutschen Übersetzung getroffen werden. In den meisten Fällen haben wir es einfach beim Englischen belassen, weil eine Übersetzung sonst für Verwirrung sorgen könnte.

So nutzen wir z.B. "Control-plane", obwohl "Kontrollebene" durchaus passen würde, "Self-healing" statt "Selbstheilung", "Microservice" statt "Mikrodienst" und "Rolling Updates" statt "rollende/laufende Aktualisierungen". Wenn du ein Verfechter der deutschen Sprache bist und dir diese Wahl aufstößt, so tut es mir Leid. Aber dafür gibt es ja zum Glück auch deutsche Begriffe wie "Kindergarten" oder "Gesundheit", die man im Englischen so belassen hat, falls dich das tröstet ;-)

Sorge dich übrigens nicht über den Haufen an Fachbegriffen, die ich jetzt schon um mich schmeiße. Das Buch erklärt wirklich alles ganz genau, wenn es soweit ist!

Feedback

Wenn du das Buch magst und es dir Wert ist, teile es mit einem Freund und schreibe eine Rezension auf Amazon.

Bücher leben und sterben mit Amazon Rezensionen und Bewertungen, es wäre also wunderbar, wenn du eine schreiben könntest! Bei Amazon kannst du auch dann eine Rezension schreiben, wenn du das Buch woanders her hast.

Du kannst mir auch eine e-mail zukommen lassen unter qskbook@nigelpoulton.com.

Die Beispiel App

Weil es sich um ein praktisch-orientiertes Buch handelt, gibt es eine Beispiel App.

Es ist eine einfache Node.js App, die auf GitHub verfügbar ist:

`https://github.com/nigelpoulton/qsk-book/`

Wenn du kein Entwickler bist, kümmere dich nicht weiter um die App. Der Fokus des Buches liegt auf Kubernetes, nicht auf der App. Außerdem erklären wir wirklich alles in Anfängersprache und du musst nicht wirklich wissen, wie man GitHub benutzt.

Wenn du dran interessiert bist, der Code für die App ist in dem App Ordner und besteht aus den folgenden Dateien.

- **app.js**: Dies ist die Hauptanwendungsdatei. Es handelt sich um eine Node.js Web-App.
- **bootstrap.css**: Dies ist eine Designvorlage für die Webseite der Anwendung.
- **package.json**: Diese Datei listet jegliche Abhängigkeiten der App auf.
- **views**: Dies ist ein Ordner mit dem Inhalt der Anwendungs-Webseite.
- **Dockerfile**: Diese Datei sagt Docker, wie die App als Container erstellt werden soll.

Die App wird mindestens einmal im Jahr gepflegt und auf Paket Aktualisierungen und bekannte Schwachstellen überprüft.

1: Was ist Kubernetes

Das Ziel dieses Kapitels ist einfach … Kubernetes so klar wie möglich zu beschreiben. Ach ja, und ohne dass du dabei einschläfst.

Im Grunde ist Kubernetes ein *Orchestrator* von *cloud-native Microservice* Anwendungen.

Das ist eine schmerzhafte Zahl and Fachbegriffen in solch einem kurzen Satz. Lass mich erklären:

- Was sind Microservices
- Was bedeutet cloud-native
- Was ist ein Orchestrator

Was sind Microservices

Früher wurden monolithische Anwendungen entwickelt. Das heißt, *alle Funktionen der Anwendung wurden in einem einzigen Paket gebündelt.* Wenn du dir Abbildung 1.1 anschaust, dann siehst du das Web Frontend, die Authentifizierung, die Protokollierung, den Datenspeicher, das Reporting … sie alle sind in einer einzigen großen, hässlichen App gebündelt. Zudem sind sie fest gekoppelt, was bedeutet, dass wenn du bloß einen Teil ändern möchtest, du *alles* ändern musst.

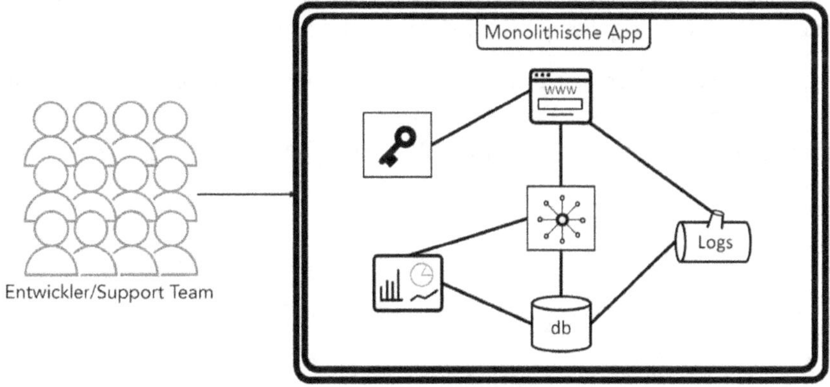

Abbildung 1.1

Wenn man zum Beispiel den Reportingservice der App in Abbildung 1.1 patchen oder aktualisieren möchte, muss man die ganze App herunterfahren und das Ganze patchen/aktualisieren. Das ist ein Albtraum. Solche Arbeit erfordert eine schmerzhafte Menge an Planung, bringt gewaltige Risiken und Komplexität mit sich, und wird normalerweise an langen, langweiligen Wochenenden im Büro ausgeführt, wo dann zu viel Pizza und Kaffee bei draufgeht.

Das sind noch nicht mal alle Probleme von monolithischen Anwendungen. Es gibt zahlreiche ähnliche Herausforderungen, wenn du bloß einen Teil der Anwendung skalieren möchtest – die Skalierung eines einzigen Teils der App bedeutet die Skalierung des Ganzen.

Im Prinzip ist jede Funktion der Anwendung gebündelt, deployt, aktualisiert und skaliert als eine Einheit. Das ist natürlich nicht ideal.

> **Anmerkung:** Dieses Beispiel ist sehr allgemein, nicht alle Anwendungen wurden damals auf genau diese Weise ausgeführt. Doch es war das verbreitete Modell zum Erstellen, Deployen und Verwalten von Anwendungen.

Eine Microservice Anwendung hingegen teilt sich nach ihren Funktionen auf – das Web Frontend, die Authentifizierung, die Protokollierung, den Datenspeicher, das Reporting usw. – und bildet somit eine Mini Anwendung bzw. einen Mini Service für jede Funktion. Daher also der Begriff "Microservice".

Wenn du dir Abbildung 1.2 genau anschaust, dann siehst du genau dieselben Anwendungsfunktionen. Der Unterschied ist, dass jede einzelne unabhängig entwickelt wird, unabhängig deployt wird, und unabhängig aktualisiert und skaliert werden kann. Dabei arbeiten sie aber zusammen, um das gleiche *Anwendungserlebnis* zu schaffen. Das bedeutet, dass Kunden und andere Nutzer der Anwendung das gleiche Erlebnis bekommen.

Jede Funktion, bzw. jeder Microservice, wird normalerweise als eigenständiger Container entwickelt und deployt. Zum Beispiel gibt es dann ein Container Image für das Web Frontend, ein anderes Container Image für den Authentifizierungs Microservice, ein weiteres zum Reporting usw.

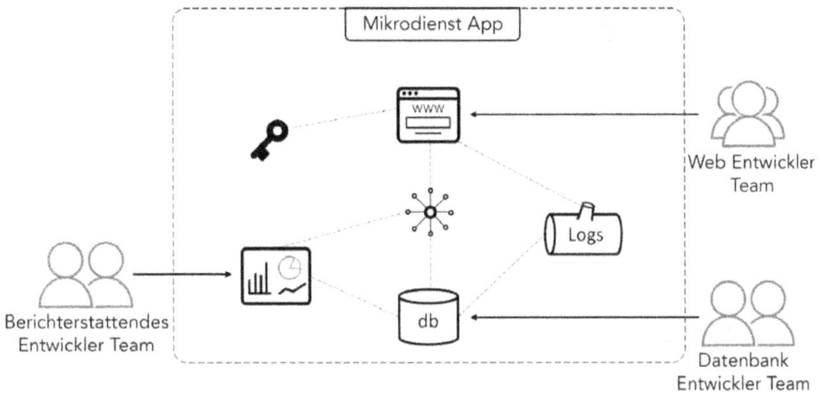

Abbildung 1.2

Abbildung 1.2 zeigt, wie jeder Microservice etwas unabhängiger ist. Technisch gesehen stellt jeder Microservice normalerweise ein API über ein IP Netzwerk bereit, mit dem sich die anderen Microservices verbinden können.

Zusätzlich zu der Fähigkeit, Microservices unabhängig aktualisieren und skalieren zu können, eignet sich das Microservice *Designmuster* für agilere und spezialisiertere Entwicklerteams, die Funktionen schneller entwickeln und iterieren können. Das ganze basiert auf der *Zwei-Pizza-Team-Regel*, geprägt von Jeff Bezos, die Besagt, dass zwei Pizzas ausreichen müssen, um ein Entwicklerteam zu füttern, sonst ist das Team zu groß. Generell können Teams von 2-8 besser kommunizieren und zusammenarbeiten als größere Teams.

Es gibt noch weitere Vorteile für das Microservice Designmuster, aber du siehst – Funktionen als eigenständige Microservices zu entwickeln erlaubt es, sie zu entwickeln, zu deployen, zu aktualisieren, etc., ohne dabei irgendeinen anderen Teil der Anwendung zu beeinflussen.

Microservices bedeuten aber nicht immer gleich Zuckerschlecken. Sie können schnell sehr komplex werden mit vielen beweglichen Teilen die von unterschiedlichen Teams verwaltet werden. Das erfordert sorgfältige Verwaltung.

Diese beiden Möglichkeiten der Anwendungserstellung – monolithisch vs Microservice – sind sogenannte *Designmuster*. Das Microservice Designmuster ist das verbreitetere Muster bei Containern.

Zusammenfassend besteht also eine Microservice Anwendung aus vielen kleinen, spezialisierten Teilen, die durch ihre agile Verbindung eine nützliche Anwendung bilden.

Was bedeutet cloud-native

Das ist nicht weiter schwer zu erklären, das meiste haben wir eh schon abgedeckt.

Eine *cloud-native* App muss folgendes unterstützen:

- Skalierung nach Bedarf
- Self-healing
- Rolling Updates ohne Ausfallzeit
- Funktion wo auch immer es Kubernetes gibt

Nun denn. Das ist zwar keine offizielle Definition von cloud-native, aber es hilft dabei, das ganze leichter zu verstehen.

Lass mich kurz ein paar dieser Schlagwörter definieren.

Skalierung nach Bedarf ist die Fähigkeit einer Anwendung und seiner Infrastruktur, sich automatisch zu vergrößern oder zu verkleinern, je nach Bedarf. Korrekt konfiguriert kann Kubernetes deine Anwendungen und Infrastruktur automatisch vergrößern, wenn der Bedarf steigt, und verkleinern, wenn der Bedarf sinkt.

Das hilft Unternehmen nicht nur dabei, schneller auf unerwartete Veränderungen zu reagieren, es kann auch die Kosten der Infrastruktur beim Verkleinern verringern.

Kubernetes kann für Anwendungen und individuelle Microservices auch *Self-healing* initiieren. Das setzt ein wenig mehr Wissen über Kubernetes voraus, das wir später abdecken werden. Wenn du eine Anwendung in Kubernetes deployst, sagst du Kubernetes, wie die Anwendung auszusehen hat – Dinge wie die Anzahl eines jeden Microservices und mit welchem Netzwerk es sich verbinden soll. Kubernetes speichert das als deinen *erwünschten Status* und beobachtet deine App, um sicherzustellen, dass sie immer deinem *erwünschten Status* gleicht. Wenn sich was verändert, zum Beispiel ein Prozess abstürzt, bemerkt Kubernetes dies und erstellt einen Ersatz. Das nennt man dann *Self-healing*.

Rolling Updates ohne Ausfallzeit bedeutet, dass du schrittweise Teile der Anwendung aktualisieren kannst, ohne sie herunterzufahren und ohne dass Nutzer es bemerken. Das ist ziemlich genial und wir werden es später in Aktion sehen.

Eine letzte interessante Eigenschaft von *cloud-native*: Eine cloud-native Anwendung läuft nicht nur in der öffentlichen Cloud. Ganz und gar nicht! Eine cloud-native Anwendung kann überall laufen, wo es Kubernetes gibt – AWS, Azure, dein lokales Rechenzentrum, dein Raspberry Pi Cluster zu Hause …

Zusammenfassend können cloud-native Apps sich also selbst heilen, automatisch skalieren, ohne Ausfallzeit aktualisiert werden und überall da laufen, wo es Kubernetes gibt.

Was ist ein Orchestrator

Ich denke, dass hier eine Analogie hilft.

Nehmen wir ein Orchester. Eine Gruppe einzelner Musiker, die unterschiedliche Musikinstrumente spielen. Jeder Musiker und jedes Instrument hat eine eigene Rolle zu spielen, wenn die Musik losgeht. Es gibt Violinen, Cellos, Harfen, Oboen, Flöten, Klarinetten, Trompeten, Posaunen, Trommeln, und sogar Triangeln. Jeder ist einzigartig und hat eine essenzielle Rolle im Orchester.

Wie in Abbildung 1.3 zu sehen ist, ist jedes Instrument individuell und hat keine zugeteilte Rolle – ein Riesendurcheinander, die Trommel ist auch noch verkehrt herum.

Abbildung 1.3

Eine *Dirigentin* kommt mit den Notenblättern daher und sorgt für Ordnung. Sie gruppiert die Streichinstrumente in die ersten Reihen, Holzbläser in die Mitte, Blechbläser weiter hinten und Schlagzeug hoch oben und ganz nach hinten. Sie dirigiert außerdem das Ganze – zeigt jeder Gruppe an, wann zu spielen ist, wie laut oder leise, wie schnell oder langsam.

Kurz gesagt, die Dirigentin nimmt das Chaos aus Abbildung 1.3, stellt die Ordnung in Abbildung 1.4 her, und produziert wunderschöne Musik dabei.

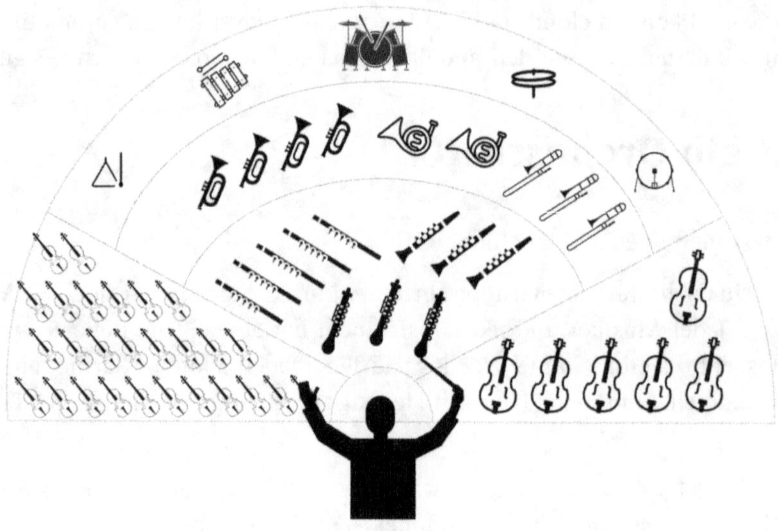

Abbildung 1.4

Tja ... cloud-native Microservice Anwendungen sind genau wie ein Orchester. Lass mich erklären ...

Jede cloud-native App besteht ja aus vielen kleinen Microservices, die unterschiedliche Aufgaben haben. Manche bedienen Webanfragen, andere authentifizieren Sitzungen, protokollieren, speichern Daten, reportieren. Aber genau wie beim Orchester brauchen sie jemanden oder etwas, das sie in eine nutzbar App organisiert.

Willkommen bei Kubernetes.

Kubernetes nimmt das Durcheinander eigenständiger Microservices und organisiert sie in eine sinnvolle App, wie in Abbildung 1.5 gezeigt. Wie bereits erwähnt, kann es die App skalieren, heilen, aktualisieren, und so weiter.

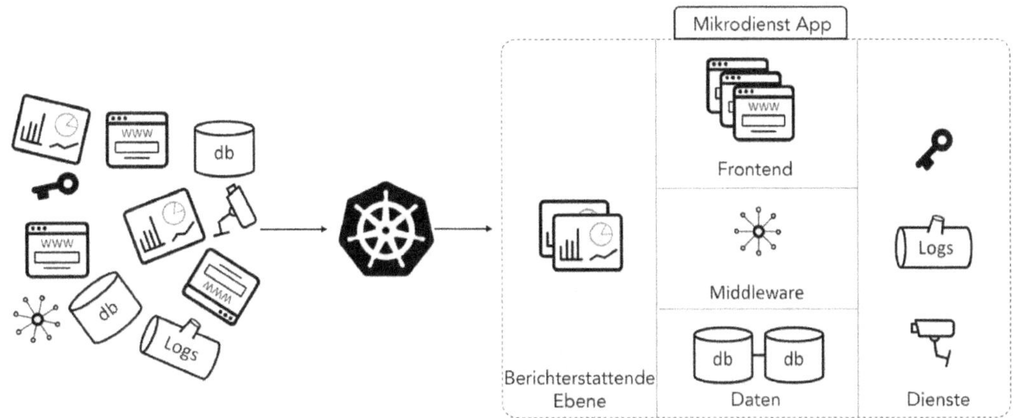

Abbildung 1.5

Zusammenfassend, ein Orchestrator (wie Kubernetes) bringt eine Anzahl an Microservices zusammen und organisiert sie in Form einer Anwendung, die Wert mit sich bringt. Er bietet und verwaltet auch cloud-native Funktionen wie Skalierung, Self-healing, und Aktualisierungen.

Andere nützliche Kubernetes Informationen

Der Name "Kubernetes" kommt aus dem Griechischen und bedeutet "Steuermann", ein Begriff aus der Nautik für die Person, die das Schiff steuert. Siehe Abbildung 1.6.

Abbildung 1.6

Offensichtlich kommt das Kubernetes Logo vom Steuerrad eines Schiffes.

Abbildung 1.7

Wenn du aber genau hinsiehst, dann siehst du, dass das Kubernetes Logo sieben Speichen hat, nicht sechs oder acht wie gewöhnlich. Das liegt daran, dass Kubernetes frei auf einem internen Google Tool namens "Borg" basiert, und die Gründer Kubernetes nach der berühmten Borg Drohne "Seven of Nine" benennen wollten.

Wenn du Star Trek kennst, dann weißt du, dass Seven of Nine eine Borg Drone ist, die von der USS Voyager Crew under dem Befehl von Captain Kathryn Janeway Sternzeit 25479 gerettet wurde. Leider hat das Copyright Gesetz den Namen nicht hergegeben, aber die Gründer wollten trotzdem eine Referenz zur Borg und Star Trek, also gaben sie dem Logo sieben Speichen, die "Seven of Nine" unauffällig zunicken.

Manchmal sieht man den Namen Kubernetes mit "K8s" abgekürzt (englisch ausgesprochen), wobei die "8" die acht Buchstaben zwischen dem "K" und dem "s" darstellen. Es wird wie der Name "Kate's" ausgesprochen und der Witz, dass Kubernetes eine Freundin Namens Kate hat, war geboren.

Nichts hiervon macht dich darin besser, cloud-native Microservices zu deployen und zu verwalten, aber es ist trotzdem essenzielles Wissen ;-)

Kapitel Zusammenfassung

Zu Anfang dieses Kapitels haben wir behauptet: *Kubernetes ist ein Orchestrator von cloud-native Microservice Anwendungen.*

Jetzt, wo wir ein paar dieser Fachbegriffe erklärt haben, weißt du, dass der Satz eigentlich besagt: *"Kubernetes verwaltet Anwendungen, die aus kleinen, spezialisierten Teilen besteht, die sich selbst heilen, skalieren und ohne Ausfallzeit aktualisiert werden können"*. Diese spezialisierten Teile heißen *Microservices* und jeder einzelne wird normalerweise als eigener Container deployt.

Aber es gibt noch immer viel zu lernen, und ich erwarte nicht, dass du alles davon verstehst. Im Rest des Buches erklären wir weiterhin alles so klar wie möglich, und wir machen dazu ein paar Praxisübungen, die das ganze dann auch wirklich verinnerlichen.

2: Warum wir Kubernetes brauchen

Für das Erraten des Zieles dieses Kapitels ist keine Belohnung ausgestellt ;-)

Wie auch immer, wir teilen das Thema in zwei Teile:

- Warum Technologieunternehmen Kubernetes brauchen
- Warum die Nutzergemeinschaft Kubernetes braucht

Beide sind wichtig und tragen wesentlich dazu bei, dass Kubernetes auf Dauer Bestand hat. Einige der Punkte werden dir zudem helfen, mögliche Fallstricke zu vermeiden, wenn du mit Kubernetes anfängst.

Warum Technologieunternehmen Kubernetes brauchen

Das ganze beginnt mit AWS.

Mitte bis Ende der 2000er Jahre hat Amazon der Tech Industrie ordentlich Feuer unterm Hintern gemacht, und seit dem ist die Welt nicht mehr dieselbe.

Vor 2006 gab es einen Status Quo in der Tech Industrie. Die meisten großen Technologieunternehmen haben leichtes Geld gemacht, indem sie Server, Netzwerk Switches, Storage Arrays, Lizenzen für monolithische Apps und viele andere Dinge verkauft haben. Dann, aus dem Nichts, hat Amazon AWS gestartet und die Welt auf den Kopf gestellt. Modernes cloud computing war geboren.

Zuerst schenkten dem die Großunternehmen nicht viel Aufmerksamkeit – sie waren zu sehr damit beschäftigt, das gleiche alte Zeug zu verkaufen, das sie schon seit Jahrzehnten verkauften. Tatsächlich dachten einige der großen Technologieunternehmen, sie könnten die Bedrohung durch AWS durch plumpe Fehlinformationskampagnen beenden. Zuerst haben sie behauptet, die Cloud würde es überhaupt nicht geben, das sei bloß Marketing. Als das nicht funktioniert hat, haben sie eine volle 360° Drehung gemacht, zugegeben, dass an der

Cloud eben doch was dran ist, und sofort ihre eigenen Produkte als "Cloud" vermarktet. Als auch das nicht funktionierte, fingen sie an, ihre eigenen tatsächlichen Clouds zu bauen, und seitdem versuchen sie noch immer, aufzuholen.

Zwei erwähnenswerte Dinge.

Ersten, das ist *die komprimierte Version der Cloud Geschichte nach Nigel.*

Zweitens, die ursprünglich von der Tech Industrie verbreiteten Fehlinformation ist ein bekanntes Phänomen namens *Angst, Ungewissheit und Zweifel (FUD, zu engl. fear uncertainty doubt).*

Wie auch immer, wir gehen noch ein bisschen ins Detail.

Als AWS anfing, Kunden und mögliches Geschäft zu stehlen, musste die Industrie kontern. Ihre erste große Vergeltungsmaßnahme war OpenStack. Um es kurz zu halten, OpenStack war ein Gemeinschaftsprojekt, das eine open-source Alternative zu AWS bilden sollte. Es war ein nobles Projekt, zu dem viele gute Leute beigetragen haben. Aber letztendlich hat es nie eine Bedrohung für AWS dargestellt – Amazon hatte bereits zu viel Vorsprung. OpenStack hat sich bemüht, aber AWS hat es ohne mit der Wimper zu zucken beiseite gefegt.

Für die Industrie hieß es also zurück ans Reißbrett.

Während all dessen, und sogar davor schon, hat Google Linux Container benutzt, um die meisten seiner Services in massivem Maßstab zu betreiben. Soweit irgendwer erinnern kann, hat Google wöchentlich Milliarden von Containern deployt. Die Zeitplanung und Verwaltung dieser Milliarden von Containern wurde von Google's eigenem Tool *Borg* übernommen. So wie Google es eben macht, hat das Unternehmen durch die Verwendung von Borg jede Menge Lektionen gelernt und dann ein neues System namens *Omega* entwickelt.

Wie auch immer, einige der Google Mitarbeiter wollten die gewonnenen Erkenntnisse von Borg und Omega nutzen, um etwas noch besseres zu machen und es open-source für die Gemeinschaft zugänglich zu machen. Und so wurde im Sommer 2014 Kubernetes ins Leben gerufen.

Kubernetes ist dabei keinesfalls nur eine open-source Version von Borg oder Omega. Es ist eine neues Project, von Grund auf neu gebaut, um einen open-source Orchestrator für containerisierte Anwendungen zu bilden. Die Verbindung zu Borg und Omega sind bloß die Entwickler, die eben Googler und in Borg und Omega involviert waren und es auf dem Wissen von diesen internen Google Technologien aufgebaut haben.

Zurück zu unserer Geschichte, in der AWS allen das Essen wegschnappt …

Als Google Kubernetes in 2014 als Open-source Software veröffentlichte, stürmte Docker gerade den Markt. Deshalb wurde Kubernetes zunächst als Tool gesehen, um das explosive

Wachstum von Containern zu verwalten. Und genau das macht es ja auch so gut, aber das ist erst die Hälfte der Geschichte. Kubernetes ist nämlich außerdem großartig darin, zugrundeliegende Cloud- und Server Infrastrukturen zu *abstrahieren* – im Prinzip eine *Kommerzialisierung der Infrastruktur.*

Gib dem letzten Satz ein paar Sekunden Zeit, zu sacken.

"Abstrahierung und Kommerzialisierung der Infrastruktur" bedeutet: *Kubernetes sorgt dafür, dass du dich nicht darum kümmern musst, auf welchen Cloud Servern deine Apps laufen.* Dies ist in der Tat der Kern des Gedankens, dass *Kubernetes das Betriebssystem der Cloud ist.* Genauso, wie Linux und Windows bedeuten, dass es egal ist, ob deine Anwendungen auf Dell, Cisco, HPE oder Nigel Poulton Server laufen ... Kubernetes bedeutet, dass es egal ist, ob deine Apps in der AWS oder Nigel Poulton Cloud laufen :-D

Die Abstrahierung der Cloud bedeutete, dass Kubernetes eine Möglichkeit für die Tech Industrie darstellte, das Angebot von AWS zu übergehen – schreib einfach deine Anwendung, sodass sie auf Kubernetes läuft und es ist ganz egal, wessen Cloud darunter steckt. Dank Kubernetes war das Spielfeld nun ausgeglichen.

Deshalb ist jeder Verkäufer in Kubernetes verliebt und stellt es in den Mittelpunkt seines Angebots. Das erschafft eine starke, strahlende und langwährende Zukunft für Kubernetes. Was wiederum der Nutzergemeinschaft ein sicheres und anbieterneutrales Pferd bereitstellt, um seine Cloud-Zukunft drauf zu verwetten.

Da wir schon von Endbenutzern reden ...

Warum die Nutzergemeinschaft Kubernetes braucht

Wir haben soeben unter Beweis gestellt, dass Kubernetes eine langwährende und strahlende Zukunft hat, die alle großen Technologieunternehmen betrifft. Tatsächlich ist es so schnell gewachsen und wurde so wichtig, dass sogar Amazon es widerwillig angenommen hat. Ganz richtig, sogar das mächtige Amazon und AWS konnten Kubernetes nicht ignorieren.

Wie auch immer, die Nutzergemeinschaft braucht Plattformen, auf die sie mit dem Wissen aufbauen kann, dass sie eine gute, langfristige Technologie Investition darstellt. So wie es zur Zeit aussieht, wird Kubernetes noch eine ganze Weile bei uns bleiben.

Ein weiterer Grund, warum die Nutzergemeinschaft Kubernetes braucht und liebt, ist wiedcrum der Kerngedanke, dass *Kubernetes das Betriebssystem der Cloud ist.*

Wir haben ja bereits erwähnt, dass Kubernetes zugrundeliegende on-premises und Cloud Infrastrukturen abstrahieren kann, was es einem erlaubt, die Apps auf Kubernetes laufen zu lassen, ohne überhaupt zu wissen, welche Cloud dahintersteckt. Das hat noch ein paar gute Nebeneffekte, einschließlich:

- Du kannst heute in der einen und morgen in einer anderen Cloud deployen
- Du kannst mehrere Clouds gleichzeitig nutzen
- Du kannst ganz einfach in der Cloud hochfahren und dann wieder auf on-premises herunterfahren

Im Prinzip können für Kubernetes geschriebene Anwendungen überall dort laufen, wo es Kubernetes gibt. Es ist ganz ähnlich, wie Apps für Linux zu schreiben – wenn du deine Apps für Linux schreibst, ist es egal, ob Linux auf Supermicro Servern in deiner Garage läuft oder auf AWS Cloud Instanzen auf der anderen Seite des Planeten.

Alles für das Wohl des Endbenutzers. Wer will denn schon keine Plattform, die Flexibilität und eine solide Zukunft bereithält!

Kapitel Zusammenfassung

In diesem Kapitel haben wir gelernt, dass die großen Technologieunternehmen Kubernetes brauchen, um Erfolg zu haben. Das schafft eine starke Zukunft für Kubernetes und macht es zu einer sicheren Plattform für Investitionen von Nutzern und Unternehmen. Kubernetes abstrahiert außerdem zugrundeliegende Infrastrukturen genauso, wie die Betriebssysteme Linux und Windows es tun. Deshalb wird es auch als *das Betriebssystem der Cloud* bezeichnet.

3: Wie Kubernetes aussieht

Wir haben ja bereits gesagt, dass Kubernetes das *Betriebssystem der Cloud* ist. Es befindet sich also zwischen Anwendungen und Infrastruktur. Kubernetes läuft auf der Infrastruktur und Anwendungen laufen auf Kubernetes. Siehe Abbildung 3.1.

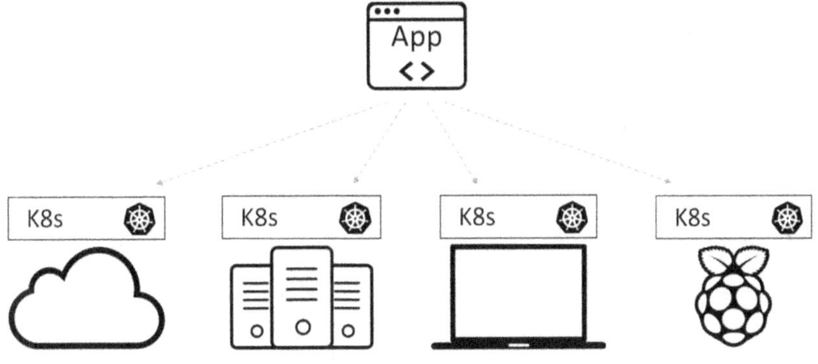

Abbildung 3.1

Das Diagramm zeigt 4 Kubernetes Installationen, die auf 4 unterschiedlichen Infrastruktur Plattformen laufen. Da Kubernetes die zugrundeliegende Infrastruktur abstrahiert, kann die Anwendung oben im Diagramm auf jeder beliebigen Kubernetes Installation laufen. Man kann also von einer Kubernetes Installation zur anderen migrieren.

Eine Kubernetes Installation wird als *Kubernetes Cluster* bezeichnet.

Es gibt da ein paar Dinge in Abbildung 3.1, die wir klären sollten.

Erstens, es ist eher ungewöhnlich, dass sich ein einzelner Kubernetes Cluster auf mehrere Infrastrukturen erstreckt. Zum Beispiel findet man kein Kubernetes Cluster, der mehrere Clouds umspannt. Ebenso findet man kein Cluster, der sowohl on-premises Geräte, als auch die öffentliche Cloud umspannt. Das liegt vor allem an der Netzwerkgeschwindigkeit und -zuverlässigkeit. Generell will man, dass schnelle, zuverlässige Netzwerke die Nodes eines Clusters verbindet.

Zweitens, obwohl Kubernetes auf vielen Plattformen laufen kann, haben Kubernetes Anwendungen strengere Anforderungen. Das sehen wir noch später in diesem Kapitel. Windows

Anwendungen laufen nur auf Kubernetes Clustern mit Windows Nodes, Linux Apps laufen nur auf Clustern mit Linux Nodes, und ARM/Raspberry Pi Apps benötigen Cluster mit ARM Nodes.

Master und Worker Nodes

Ein *Kubernetes Cluster* ist eine beliebige Menge an Geräten mit installiertem Kubernetes. Die *Geräte* können physische Server, virtuelle Maschinen, Cloud Instanzen, Laptops, Raspberry Pis und vieles mehr sein. Wenn man Kubernetes auf mehreren dieser Maschinen installiert und sie miteinander verbindet, hat man ein *Kubernetes Cluster*. Man kann dann Anwendungen in dem Cluster deployen.

Für gewöhnlich nennt man Maschinen in einem Kubernetes Cluster *Nodes*.

Ein Kubernetes Cluster hat zwei Sorten von Nodes:

- Master Nodes
- Worker Nodes

Master Nodes werden einfach als "Master" und Worker Nodes als "Nodes" bezeichnet.

Master hosten die Control-plane und Nodes führen Nutzeranwendungen aus.

Abbildung 3.2 zeigt ein 6-Node Kubernetes Cluster mit drei Master und drei Worker Nodes. Es gilt als bewährtes Verfahren, Master ausschließlich Kontrollservices ausführen zu lassen (keine Nutzeranwendungen). Sämtliche Nutzeranwendungen sollten auf Nodes laufen.

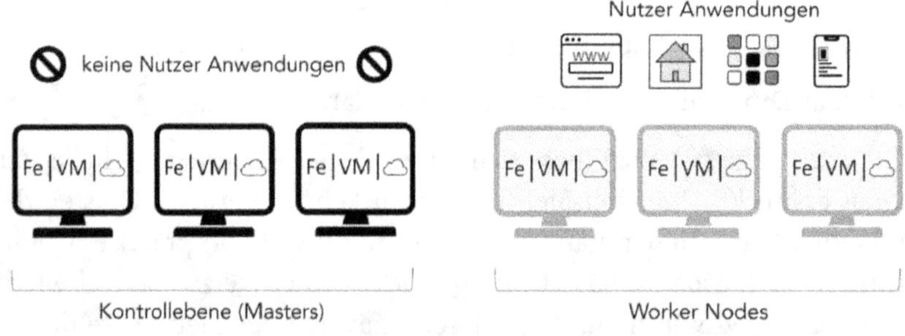

Abbildung 3.2

Master Nodes

Master hosten die *Control-plane*. Das bedeutet im Prinzip, dass sie das Gehirn des Clusters bilden.

Aus diesem Grund ist es ratsam, mehr als nur einen Master zu haben, um eine hohe Verfügbarkeit zu gewährleisten. Selbst, wenn einer ausfällt, kann der Cluster in Betrieb bleiben. Für gewöhnlich hat man drei oder fünf Master in einem Produktions Cluster und teilt sie auf Fehlerdomänen auf – pack' sie nicht alle zusammen in nur einen Raum mit nur einer alten Klimaanlage an dasselbe wackelhafte Stromnetz.

Abbildung 3.3 zeigt eine hochverfügbare Control-plane mit drei Master Nodes. Jeder befindet sich in einer separaten Fehlerdomäne mit separaten Netzwerk Infrastrukturen und separaten Strom Infrastrukturen usw.

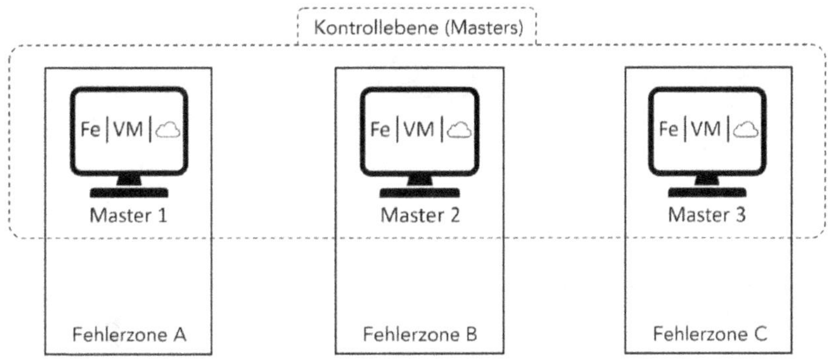

Abbildung 3.3

Master führen die folgenden Services aus, die die Control-plane bilden (oder eben das Gehirn des Clusters):

- API Server
- Scheduler
- Key/Value-Store
- Cloud Controller
- Weitere ...

Der *API Server* ist der **einzige** Teil eines Kubernetes Clusters, mit dem man direkt interagiert. Wenn man Befehle an den Cluster schickt, gehen diese an den API Server. Wenn man eine Antwort bekommt, dann kommt diese vom API Server.

Der *Scheduler* wählt die Nodes aus, auf denen Nutzeranwendungen laufen sollen.

Der *Key/Value-Store* speichert den Status des Clusters und aller Anwendungen.

Der *Cloud Controller* erlaubt es Kubernetes, sich mit Cloud Services wie zum Beispiel Storage und Load Balancern zu integrieren. Die Praxisbeispiele in späteren Kapiteln integrieren einen Cloud Load Balancer mit einer App, die man in einem Kubernetes Cluster deployen kann.

Es gibt noch mehr Services auf einer Kubernetes Control-plane, aber dies sind die relevanten Services für dieses Buch.

Worker Nodes

Nodes führen Nutzeranwendungen aus und können Linux oder Windows sein. Linux Nodes führen Linux Apps aus, Windows Nodes führen Windows Apps aus.

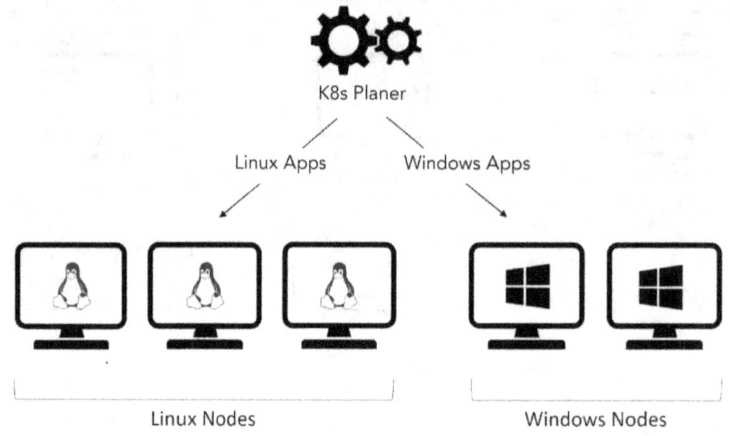

Abbildung 3.4

Alle Nodes führen ein paar erwähnenswerte Services aus:

- Kubelet
- Container Runtime

Ein `Kubelet` ist ein Kubernetes Agent. Er folgt dem Node zum Cluster und kommuniziert mit der Control-plane – Dinge wie das Empfangen von Aufgaben und das Reporting über den Aufgabenstatus.

Die *Container Runtime* startet Container und führt sie aus.

Anmerkung: Früher hat Kubernetes Docker für die Container Runtime benutzt. Kubernetes hat mit der Version 1.20 angekündigt, dass die Unterstützung für Docker Container Runtime in einer kommenden Freigabe entfallen wird. Obwohl Kubernetes Docker dann nicht mehr als Runtime unterstützt, **es wird weiterhin von Docker gebildete Images unterstützen**. Docker und Kubernetes erfüllen beide die Open Container Initiative (OCI) Standards für Container Images. Um all diese Bezeichnungen und Fachbegriffe aufzuklären ... Container Images von Docker sind zu 100% kompatibel mit Kubernetes.

Hosted Kubernetes

Hosted Kubernetes sind Kubernetes Cluster, die von einem Cloud Provider verliehen werden. Das wird auch *Kubernetes as a Service* genannt.

Wie in späteren Kapiteln zu sehen, sind hosted Kubernetes mit der einfachste Weg, um an Kubernetes zu kommen.

In dem hosted Modell baut der Cloud Provider den Kubernetes Cluster, besitzt die Control-plane und ist für folgende Dinge verantwortlich:

- Leistung der Control-plane
- Verfügbarkeit der Control-plane
- Aktualisierungen der Control-plane

Der Nutzer ist dann nur noch verantwortlich für:

- Worker Nodes
- Nutzeranwendungen
- Zahlung der Rechnung

Abbildung 3.5 zeigt die Grundarchitektur von hosted Kubernetes.

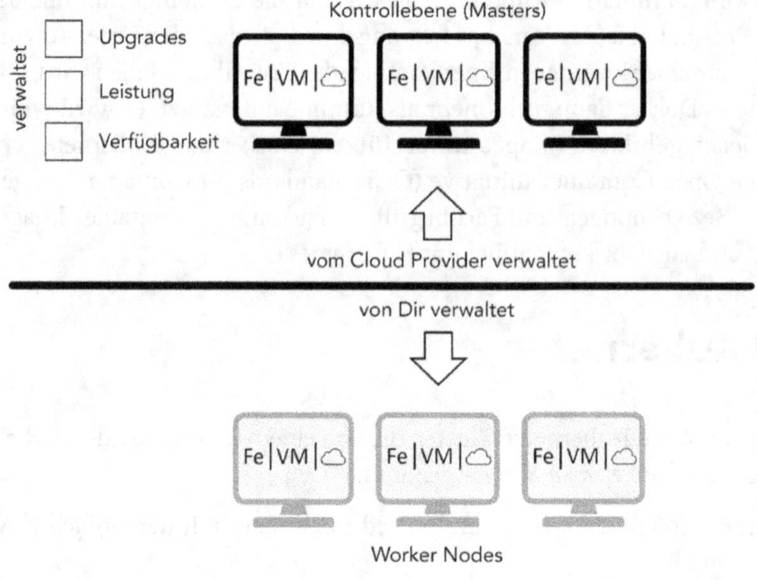

Abbildung 3.5

Die meisten Cloud Provider haben Services für hosted Kubernetes. Beliebt sind vor allem:

- AWS: Elastic Kubernetes Service (EKS)
- Azure: Azure Kubernetes Service (AKS)
- DO: Digital Ocean Kubernetes Service (DOKS)
- GCP: Google Kubernetes Engine (GKE)
- Linode: Linode Kubernetes Engine (LKE)

Es gibt auch noch andere, und nicht alle hosted Kubernetes Services sind dabei gleich. Zum Beispiel ... Linode Kubernetes Engine (LKE) ist mit am einfachsten zu konfigurieren und zu benutzen. Dafür fehlen einige der Funktionen und Konfigurationsoptionen, die andere anbieten. Am besten probiert man erst ein paar aus, bevor man sich entscheidet.

Verwaltung von Kubernetes mit der `kubectl` Kommandozeile

Ein Großteil der täglichen Verwaltung eines Kubernetes Clusters wird von der Kubernetes Kommandozeile `kubectl` übernommen. Es gibt viele Möglichkeiten der Aussprache, ich spreche es "qub-tsi-ti-el" aus.

Verwaltungsaufgaben beinhalten das Deployment und die Verwaltung von Anwendungen, Überprüfung des Deploymentzustands von Cluster und Anwendungen, und Aktualisierung von Cluster und Anwendungen.

Man kann `kubectl` für Linux, macOS, Windows, und verschiedene RM/Raspberry Pi-ähnliche Betriebssysteme bekommen.

Der folgende `kubectl` Befehl listet beispielhaft alle Master und Worker Nodes in einem Cluster auf. Wir führen noch reichliche Befehle in den Praxisabschnitten späterer Kapitel aus.

```
$ kubectl get nodes
NAME                 STATUS    ROLES                  AGE    VERSION
qsk-book-server-0    Ready     control-plane,master   12s    v1.23.0
qsk-book-agent-2     Ready     <none>                 10s    v1.23.0
qsk-book-agent-0     Ready     <none>                 13s    v1.23.0
qsk-book-agent-1     Ready     <none>                 11s    v1.23.0
```

Kapitel Zusammenfassung

In diesem Kapitel haben wir gelernt, dass ein Kubernetes Cluster aus Master Nodes und Worker Nodes besteht. Diese können so gut wie überall laufen, sogar auf Bare Metal Servern, virtuellen Maschinen, und in der Cloud. Master führen die backend Services aus, die den Cluster aufrechterhalten, während Nodes die Anwendungen ausführen.

Die meisten Cloud Plattformen bieten einen hosted Kubernetes Service an, die es einem leicht machen, an ein *"produktionstauglichen"* Cluster zu gelangen, dessen Leistung, Verfügbarkeit und Aktualisierung vom Cloud Provider vorgenommen wird. Man verwaltet dann nur noch die Nodes und zahlt die Rechnung.

Wir haben außerdem gelernt, das `kubectl` die Kommandozeile von Kubernetes ist.

4: Kubernetes Einrichtung

Es gibt viele Wege, Kubernetes einzurichten. Es kann auf allen möglichen Geräten laufen, als Cluster auf dem Laptop und Raspberry Pi, oder eben auf hochleistungsfähigen, hochverfügbaren Clustern in der Cloud.

Weil es sich bei diesem Buch ja um eine *Schnellstart* Anleitung handelt, zeige ich bloß zwei der einfachsten Wege auf, Kubernetes einzurichten.

- Kubernetes auf dem Laptop mit Docker Desktop
- Kubernetes in der Cloud mit Linode Kubernetes Engine (LKE)

Beide Optionen erlauben es, den Praxisbeispielen in diesem Buch zu folgen. Wenn du schon ein funktionierenden Kubernetes Cluster hast, solltest du auch ihn nutzen können.

Kubernetes auf dem Laptop mit Docker Desktop

Es gibt viele Wege, Kubernetes auf dem Laptop einzurichten. Ich habe Docker Desktop ausgewählt, weil es vermutlich das einfachste ist und regelmäßig aktualisiert wird. Andere mögliche Optionen wären minikube und k3d.

Was Docker Desktop beinhaltet

Wie der Name schon sagt, bekommt man Docker. Darüber hinaus bekommt man ein Single Node Kubernetes Cluster, das sich hervorragend zum Entwickeln und Herumspielen eignet – *nicht* aber für die Produktion. Man bekommt zudem die Kubernetes Kommandozeile (kubectl).

Dieser Werkzeugsatz erlaubt es einem, Anwendungen mit Docker in Container Images zu verwandeln, und sie in einem zertifizierten Kubernetes Cluster zu deployen. Nicht übel für ein kostenloses Tool, dass einfach zu benutzen ist.

Docker Desktop installieren

Man kann Docker Desktop auf jedem Windows 10 oder macOS Laptop installieren. Geh einfach auf `docker.com` und lade es herunter. Danach ist es nur noch eine typische `next next next` Installation, die Administratorrechte erfordert.

Nach der Installation muss man Kubernetes wahrscheinlich manuell starten. Dazu einfach auf das Wal Symbol klicken (in der oberen Menüleiste auf macOS oder in der Systemleiste unten rechts auf Windows), `Preferences` auswählen > Kubernetes und dann den `Enable Kubernetes` Haken setzen. Siehe Abbildung 4.1.

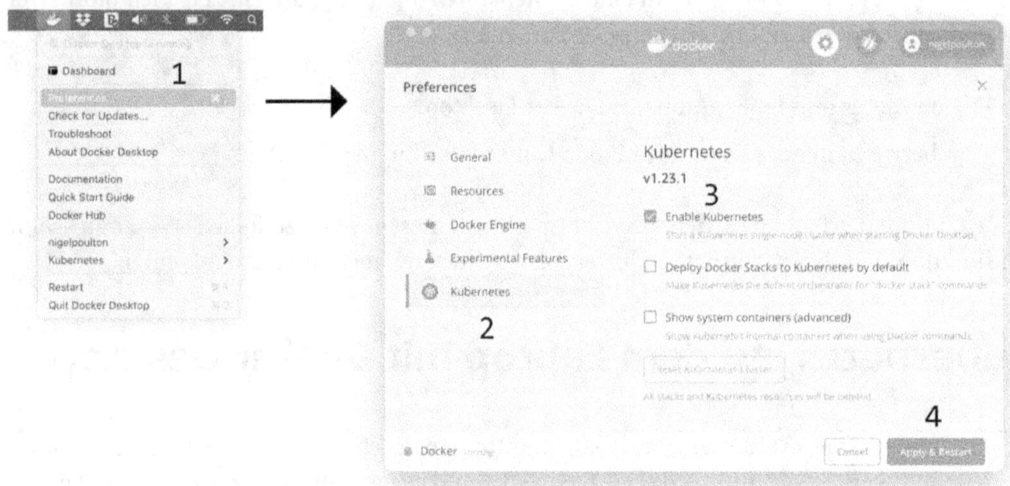

Abbildung 4.1

Einmal installiert, läuft Docker nativ auf sowohl macOS als auch Windows. Auf macOS läuft der Single Node Kubernetes Cluster in einer VM. Auf Windows kann man WSL 2 aktivieren, damit der Cluster dann nativ läuft.

Eine kurze Anmerkung bezüglich Docker Desktop auf Windows 10. Neueste Versionen von Windows 10 und Docker Desktop unterstützen das WSL 2 Teilsystem. WSL steht für Windows Subsystem for Linux, was die geschicktere Weise ist, Linux Software auf Windows laufen zu lassen. Wenn du aufgefordert wirst, WSL 2 zu aktivieren, bestätige mit "Yes" und folge der Anleitung.

Man sollte Docker Desktop in den ***Linux Container*** Modus wechseln, um diesen und späteren Beispielen im Buch folgen zu können. Dazu einen Rechtsklick auf den Docker Wal in der Systemleiste machen und `Switch to Linux containers` auswählen. Das erlaubt es Windows 10, Linux Container auszuführen.

Man kann die folgenden Befehle in einem Terminal ausführen, um die Installierung zu überprüfen:

```
$ docker --version
Docker version 20.10.0-rc1, build 5cc2396

$ kubectl version -o yaml
clientVersion:
  <Snip>
  gitVersion: v1.23.0
  major: "1"
  minor: "23"
  platform: darwin/amd64
serverVersion:
  <Snip>
  gitVersion: v1.23.0
  major: "1"
  minor: "23"
  platform: linux/amd64
```

Die Kommandozeilen Ausgabe wurde gekürzt, um es leichter lesen zu können.

Zu diesem Zeitpunkt hat man Docker und ein Single Node Kubernetes Cluster auf dem Laptop laufen und man kann den Beispielen in diesem Buch folgen.

Kubernetes in der Cloud mit Linode Kubernetes Engine (LKE)

Kubernetes kann man natürlich in jeder beliebigen Cloud nutzen, und die meisten Clouds haben einen extra Kubernetes-as-a-Service Angebot. Für unsere Beispiele habe ich die Linode Kubernetes Engine (LKE) ausgewählt, weil sie unfassbar einfach ist und Kubernetes Cluster schnell erstellt. Man kann aber auch einen anderen cloud-basierten Kubernetes Cluster nutzen.

Anmerkung: Linode hat für gewöhnlich Angebote für neue Kunden. Als das Buch geschrieben wurde, haben Neukunden $100 USD Kredit bekommen, den sie in den ersten drei Monaten nutzen konnten. Das ist mehr als genug, um alle Beispiele in dem Buch ausführen zu können.

Was Linode Kubernetes Engine (LKE) beinhaltet

LKE ist ein hosted Kubernetes Angebot von Linode. Als solches:

- kostet es Geld (allerdings nicht sehr viel)
- ist es einfach aufzusetzen
- wird die Control-plane von Linode verwaltet und ist nicht zugänglich
- bietet es erweiterte Integrierung in andere Cloud Services (Storage, Load Balancer, usw.)

Wir zeigen, wie man ein Kubernetes Cluster mit zwei Worker Nodes erstellt, und wie man die Kubernetes Kommandozeile (`kubectl`) einrichtet. Später im Buch siehst du, wie man Kubernetes zum Deployment und zur Nutzung eines Linode Load Balancers verwenden kann und wie man es in eine einfache App integriert.

Ein Linode Kubernetes Engine Cluster einrichten

Einfach `linode.com` besuchen und sich anmelden. Das ist ein einfacher Vorgang, man muss aber Zahlungsinformationen eingeben. Wenn du Kubernetes ernsthaft kennen lernen willst, solltest du dich davon nicht abschrecken lassen. Die Kosten sind wirklich ziemlich niedrig, solange du erinnerst, deine Cluster zu löschen, wenn du mit ihnen fertig bist.

Nach der Anmeldung befindet man sich in der Linode Cloud Konsole, und kann in der linken Navigationsleiste auf `Kubernetes` klicken und `Create a Cluster` auswählen.

Wähle ein `Cluster Label` (Name für dein Cluster), die `Region` und eine `Kubernetes Version`. Füge dann zwei `Linode 2GB Shared CPU` Instanzen in deinem `Node Pool` hinzu. Die Einstellung ist in Abbildung 4.2 zu sehen.

Abbildung 4.2

Achte dabei auf die möglichen Kosten, die rechts angezeigt werden.

Klicke auf Create Cluster, sobald du dir deiner Einstellungen sicher bist.

Es dauert ein bis zwei Minuten, bis der Cluster erstellt wurde.

Wenn er fertig ist, zeigt dir die Konsole zwei Nodes als Running an und zeigt deren IP Adressen auf. Sie zeigt außerdem deinen Kubernetes API Endpoint im URL Format.

Zu diesem Zeitpunkt läuft dein LKE Cluster auf einer hochleistungsfähigen, hochverfügbaren Control-plane, die von Linode verwaltet wird und dir nicht zugänglich ist. Es laufen zwei Worker Nodes. Die Konfiguration ist in Abbildung 4.3 zu sehen.

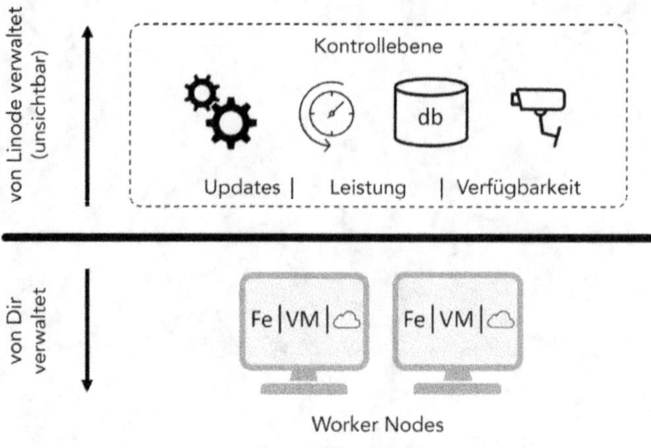

Abbildung 4.3

Um mit dem Cluster interagieren zu können, benutzt man die Kubernetes Kommandozeile. Es heißt kubectl und kann auf einer der folgenden Arten installiert werden (es gibt auch noch andere Methoden).

Kubectl auf macOS installieren

Vielleicht hast du kubectl bereits durch ein anderes Tool installiert, zum Beispiel Docker Desktop. Bevor man diesen Schritten folgt, sollte man eine mögliche Installation überprüfen, indem man kubectl in die Kommandozeile schreibt.

Die einfachste Art, kubectl auf macOS zu installieren, ist mit Homebrew.

```
$ brew install kubectl
<Snip>


$ kubectl version --client -o yaml
clientVersion:
  <Snip>
  major: "1"
  minor: "23"
  platform: darwin/amd64
```

Kubectl auf Windows 10 installieren

Bevor du weitermachst, schreib kubectl in eine Kommandozeile, um zu überprüfen, ob es vielleicht schon installiert ist.

Die einfachste Art, kubectl auf Windows 10 zu installieren, ist mit Chocolatey. Wir zeigen im nachfolgenden Schritt auch, wie man es mit PowerShell installiert, falls du Chocolatey nicht benutzen möchtest.

```
> choco install kubernetes-cli


> kubectl version --client -o yaml
clientVersion:
  <Snip>
  major: "1"
  minor: "23"
  platform: windows/amd64
```

Wenn man Chocolatey nicht benutzen will, kann man diesen Schritten folgen, um kubectl mit den Standard PowerShell Tools zu installieren. Stell sicher, dass du die -DownloadLocation in dem zweiten Befehl mit einem gültigen Verzeichnis austauschst. Die -DownloadLocation ist der Ort, wohin kubectl heruntergeladen wird, und sollte sich entweder auf einem %PATH% deines Systems befinden, oder anschließend in einen seiner Ordner kopiert werden.

```
> Install-Script -Name 'install-kubectl' -Scope CurrentUser -Force


> install-kubectl.ps1 -DownloadLocation C:\Users\nigel\bin


> kubectl version --client -o yaml
clientVersion:
  <Snip>
  major: "1"
  minor: "23"
  platform: windows/amd64
```

Solltest du einen "command not found" Fehler erhalten, dann stell sicher, dass sich kubectl in einem Ordner in dem %PATH% deines Systems befindet.

Jetzt ist kubectl installiert und für eine Konfiguration bereit, um mit deinem Kubernetes Cluster zu kommunizieren.

Konfigurierung von kubectl zur Kommunikation mit einem LKE Cluster

Kubectl beinhaltet eine Konfigurationsdatei mit Information und Berechtigungen des Clusters. Auf macOS und Windows heißt sie config und befindet sich in den folgenden Verzeichnissen:

- Windows 10: C:\Users\<username>\.kube
- macOS: /Users/<username>/.kube

Auch wenn die Datei config heißt, nennen wir sie unsere "kubeconfig" Datei.

Die einfachste Art, kubectl so zu konfigurieren, dass es sich mit dem LKE Cluster verbindet, ist wie folgt:

1. Mache eine Backup Kopie von jeder existierenden kubeconfig Datei auf deinem Computer
2. Lade die LKE kubeconfig Datei herunter und nutze sie auf deinem Computer

Navigiere zum Kubernetes Bereich in der Linode Cloud Konsole, wo die Lister der Cluster ist, und klicke auf den Download kubeconfig Link für dein LKE Cluster. Finde die heruntergeladene Datei, kopiere sie in den versteckten ./kube Ordner in deinem Hauptverzeichnis und benenne sie config. Vorher muss man jegliche existierende kubeconfig Datein umbenennen.

> **Anmerkung**: Möglicherweise musst du auf deinem Computer einstellen, dass er versteckte Ordner anzeigt. Auf macOS, nutze die Tastenkombination Command + Shift + period. Auf Windows 10, tippe "Ordner" in die Windows Suchleiste (neben dem Windows Startzeichen) und wähle das File Explorer Optionen Ergebnis. Wähle den Anzeige Reiter und klicke auf Versteckte Dateien und Ordner anzeigen.

Wenn die LKE kubeconfig heruntergeladen und in das richtige Verzeichnis mit richtigem Namen kopiert wurde, muss kubectl konfiguriert werden. Das kann man mit folgendem Befehl testen:

```
$ kubectl get nodes
NAME                        STATUS    ROLES     AGE    VERSION
lke16405-20053-5ff63e4400b7   Ready    <none>    47m    v1.23.0
lke16405-20053-5ff63e446413   Ready    <none>    47m    v1.23.0
```

Die Ausgabe zeigt ein LKE Cluster mit zwei Worker Nodes. Man weiß, dass der Cluster auf LKE läuft, wenn die Node Namen mit `lke` anfangen. Die Master, die die Control-plane hosten, werden nicht aufgezeigt, weil sie von LKE verwaltet werden und nicht sichtbar sind.

Zu diesem Zeitpunkt läuft dein LKE Cluster und man kann es benutzen, um den Beispielen in diesem Buch zu folgen.

Sei dir bewusst, dass LKE ein Cloud Service ist und Geld kostet. Lösche also den Cluster, wenn du es nicht mehr brauchst. Sonst wird es ungewollte Kosten geben.

Kapitel Zusammenfassung

Docker Desktop ist eine großartige Art, Docker und ein Kubernetes Cluster auf einem Windows 10 oder macOS Computer zu installieren. Es ist kostenlos und installiert und konfiguriert `kubectl` automatisch. Es ist nicht für den Produktionsgebrauch.

Linode Kubernetes Engine (LKE) ist ein einfacher hosted Kubernetes Service. Linode verwaltet die Funktionen der Cluster Control-plane und erlaubt es einem, die Spezifikationen und Menge der Worker Nodes zu bestimmen. Man muss die lokale `kubeconfig` Datei manuell aktualisieren. Es ist nicht kostenlos, ein LKE cluster auszuführen, man sollte also eine angemessene Größe wählen und es löschen, wenn man damit fertig ist.

Es gibt noch viele andere Arten und Weisen, Kubernetes einzurichten, aber die Möglichkeiten, die wir hier zeigen, sind ausreichend und man ist damit bereit für die kommenden Beispiele.

5: Erstellen einer containerisierten App

In diesem Kapitel werden wir den typischen Arbeitsschritten zur Erstellung einer Anwendung im Container Image folgen. Diesen Prozess nennt man *Containerisierung* und die daraus entstehende App eine *containerisierte App.*

Wir benutzen Docker, um die App zu containerisieren (Erstellung des Container Images). Die Schritte sind nicht Kubernetes-spezifisch, tatsächlich benutzen wir Kubernetes in diesem Kapitel überhaupt nicht. Aber die containerisierte App, die wir erstellen, deployen wir dann in den folgenden Kapiteln in Kubernetes.

> **Anmerkung:** *Docker und Kubernetes.* Kubernetes ist in dem Prozess, Docker nicht mehr als seine **Container Runtime** zu unterstützen. Die von Docker erstellten containerisierten Apps werden aber weiterhin zu 100% von Kubernetes unterstützt. Das liegt daran, dass Kubernetes und Docker beide mit Container Images arbeiten, die auf den Standards der Open Container Initiatve (OCI) basieren.

Du kannst dieses Kapitel überspringen, falls du dich mit Docker und dem Erstellen von containerisierten Apps bereits auskennst – eine vorbereitete containerisierte App ist auf Docker Hub verfügbar, die du in den folgenden Kapiteln nutzen kannst.

Bist noch da?

Gut. Die Arbeitsschritte, denen wir folgen, werden in Abbildung 5.1 gezeigt. Wir gehen auf Schritt 1 ein, aber der Hauptfokus liegt auf Schritt 2 und 3. Künftige Kapitel werden Schritt 4 behandeln.

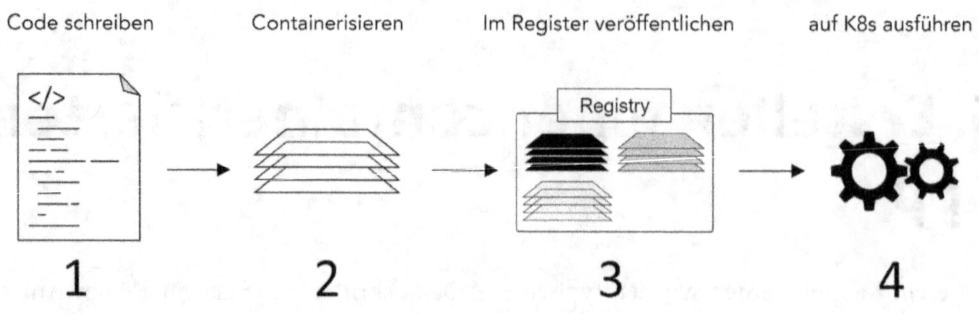

Abbildung 5.1

Das Kapitel ist wie folgt unterteilt:

- Vorbereitungen
- Anwendungscode
- Containerisieren der App
- Hosten des Container Images in einem Registry

Vorbereitungen

Um die in diesem Kapitel beschriebene containerisierte App zu erstellen, braucht man Folgendes:

- Die `git` Kommandozeile
- Docker
- Ein Docker Hub Konto (Docker ID)

Für Docker empfehle ich dir, *Docker Desktop* zu installieren (Kapitel 3 zeigt dir wie).

Docker Hub Kontos sind für Privatanwender kostenlos. Melde dich einfach bei `hub.docker.com` an. Das Konto wird benötigt, um später die containerisierte App auf Docker Hub zu speichern.

Installation von git

Nutze eine der folgenden Methoden, um die `git` Kommandozeile zu installieren:

MacOS mit Homebrew

Wenn du Homebrew auf deinem Mac hast, kannst du `git` mit folgendem Befehl installieren.

```
$ brew install git
```

```
$ git --version
git version 2.34.1
```

Windows 10 mit Chocolatey

Wenn du Chocolatey auf deinem Windows Computer hast, kannst du `git` mit folgendem Befehl installieren.

```
> choco install git.install
```

```
> git --version
git version 2.34.1
```

MacOS oder Windows mit GitHub Desktop

GitHub Desktop ist ein Desktop UI zum Arbeiten mit GitHub. Auf `desktop.github.com` gibt es Installationsdateien für macOS und Windows. Nach dem Downloaden und Installieren kann man die `git` Kommandozeile benutzen.

Überprüfe deine Installation mit dem `git --version` Befehl.

Da wir jetzt mit den Vorbereitungen fertig sind, kannst du die folgenden Schritte befolgen, um eine Beispiel Anwendung im Container Image zu erstellen (Containerisierung der App):

1. Hol dir den Anwendungscode
2. Nutze Docker zum Erstellen des Container Images
3. Nutze Docker, um das Image auf Docker Hub zu pushen (optional)

Anwendungscode

Im GitHub Repo dieses Buches befindet sich der Code für eine einfache Web Application. *Klone das Repo* mit folgendem Befehl auf den Computer, auf dem du Docker und `git` installiert hast.

Der Befehl erstellt einen neuen Ordner in deinem aktuellen Verzeichnis und kopiert den Inhalt des Repos hinein.

> **Anmerkung**: GitHub ist eine Online Plattform zum Hosten von Software und Zusammenarbeiten von Entwicklern. Die auf GitHub gehostete Software ist in "Repos" (Repositories) geordnet, und das "Klonen eines Repos" ist der technische Begriff, um eine Kopie der Software auf deinem Computer zu erstellen.

```
$ git clone https://github.com/nigelpoulton/qsk-book.git
Cloning into 'qsk-book'...
```

Jetzt hast du eine Kopie des Repos in einem neuen Ordner mit dem Namen `qsk-book`. Wechsle in das `qsk-book` Verzeichnis und nutze den `ls` Befehl, um seinen Inhalt aufzulisten.

```
$ cd qsk-book

$ ls
App
deploy.yml
pod.yml
readme.md
svc-cloud.yml
svc-local.yml
```

In dem `App` Ordner befinden sich der Anwendungscode und die Konfigurationsdateien. Wechsle in sein Verzeichnis und liste seine Dateien auf.

```
$ cd App

$ ls -l
Dockerfile
app.js
bootstrap.css
package.json
views
```

Diese Dateien bilden die Anwendung und es wäre gut, ein wenig mehr über jede Datei zu wissen:

- `Dockerfile`. Diese Datei ist eigentlich gar nicht teil der Anwendung. Sie beinhaltet eine Reihe an Anweisungen, die Docker ausführt, um das Container Image zu erstellen (die App zu containerisieren)
- `app.js` ist die Haupt Anwendungsdatei. Es handelt sich um eine Node.js App
- `bootstrap.css` ist eine Stylesheet Vorlage, auf der das Aussehen der Anwendungswebseite beruht
- `package.json` listet die Abhängigkeiten der Anwendung auf
- `views` ist ein Ordner mit der HTML, auf der der Inhalt der Anwendungswebseite beruht

Die für uns interessanteste Datei ist die `Dockerfile`. Sie beinhaltet Anweisungen, die Docker ausführt, um die App in ein Container Image zu verwandeln. Unsere ist ganz einfach und sieht wie folgt aus:

```
FROM node:current-slim
LABEL MAINTAINER=nigelpoulton@hotmail.com
COPY . /src
RUN cd /src; npm install
EXPOSE 8080
CMD cd /src && node ./app.js
```

Wir gehen einmal durch jede Zeile.

Die `FROM` Anweisung sagt Docker, dass wir das `node:current-slim` Image als Basis für die neue App nutzen wollen. Anwendungen brauchen ein OS, auf dem sie laufen können, und dieses Basis Image stellt es zur Verfügung.

Die `COPY` Anwendung sagt Docker, dass die Anwendung und Abhängigkeiten aus dem aktuellen Verzeichnis (durch den Punkt "." angegeben) in das `/src` Verzeichnis kopiert werden sollen, nämlich in das `node:current-slim` Image.

Die `RUN` Anweisung sagt Docker, dass aus dem `/src` Verzeichnis heraus der `npm install` Befehl ausgeführt werden soll. Das installiert die Abhängigkeiten, die in `package.json` gelistet sind.

Die `EXPOSE` Anweisung listet den Netzwerk Port auf, an dem die App bereitsteht. Dies wird auch in der Haupt `app.json` Datei definiert.

Die `CMD` Anweisung ist der Haupt-Anwendungsprozess, den Kubernetes ausführt, wenn der Container gestartet wird.

Zusammenfassend sagt das Dockerfile: *Containerisiere unsere App. Lass sie auf dem Image* `node:current-slim` *basieren, kopiere unseren App Code hinein, installiere Abhängigkeiten, dokumentiere den Netzwerkport und führe die Anwendung aus.*

Nachdem du das Repo geklont hast, ist es nun an der Zeit, das Container Image zu erstellen (die App zu containerisieren).

Containerisieren der App

Den Prozess zur Erstellung einer Anwendung als Container Image nennt man *Containeri-sierung*. Wenn der Prozess fertig ist, ist die App *containerisiert*. Deshalb verwenden wir die Begriffe *Container Image* und *containerisierte App* synonym.

Der folgende `docker image build` Befehl containerisiert die App.

- Führe den Befehl innerhalb des `.../qsk-book/App` Verzeichnisses aus
- Tausche `nigelpoulton` mit deiner eigenen Docker Hub ID aus
- Vergiss nicht den Punkt (".") am Ende des Befehls

```
$ docker image build -t nigelpoulton/qsk-book:1.0 .

[+] Building 66.9s (8/8) FINISHED                       0.1s
<Snip>
=> naming to docker.io/nigelpoulton/qsk-book:1.0       0.0s
```

Um sicherzugehen, dass sich das neue Container Image nun auf deinem Computer befinden, nutze den folgenden Befehl. Dabei ist der Name deines Images vielleicht anders und möglicherweise wird mehr als nur ein Image angezeigt.

```
$ docker image ls
REPOSITORY                TAG      IMAGE ID       CREATED         SIZE
nigelpoulton/qsk-book     1.0      e4477597d5e4   3 minutes ago   177MB
```

Wenn du Docker Desktop verwendest, dann siehst du vermutlich mehrere Images mit dem Namen "k8s.gcr...". Sie führen den lokalen Docker Desktop Cluster aus.

Zu diesem Zeitpunkt haben wir die Anwendung erfolgreich *containerisiert* und der nächste Schritt ist es, sie in einem zentralen Registry zu hosten.

Hosten des Container Images in einem Registry

Dieser Abschnitt ist optional, und du brauchst ein Docker Hub Konto, um folgen zu können. Falls du diesen Abschnitt nicht durchführen willst, kannst du das öffentliche nigelpoulton/qsk-book:1.0 Image in den späteren Schritten benutzen.

Es gibt viele Container Registries. Wir nutzen Docker Hub, weil es das beliebteste und einfachste ist. Schau dich auf hub.docker.com um, es gibt dort einiges zu entdecken.

Verwende den folgenden Befehl, um dein neues Image auf Docker Hub zu pushen. Vergiss dabei nicht, nigelpoulton mit deiner eigenen Docker Hub ID auszutauschen. Solltest du nigelpoulton verwenden, wird der Vorgang fehlschlagen, weil dir die Befugnis fehlt, in meine Repositories zu pushen.

```
$ docker image push nigelpoulton/qsk-book:1.0

f4576e76ed1: Pushed
ca60f24a8154: Pushed
0dcc3a6346bc: Mounted from library/node
6f2e5c7a8f99: Mounted from library/node
6752c6e5a2a1: Mounted from library/node
79c320b5a45c: Mounted from library/node
e4b1e8d0745b: Mounted from library/node
1.0: digest: sha256:7c593...7198f1 size: 1787
```

Stelle sicher, dass das Image nun auf `hub.docker.com` vorhanden ist. Vergiss dabei nicht, deine eigenen Repos zu durchsuchen.

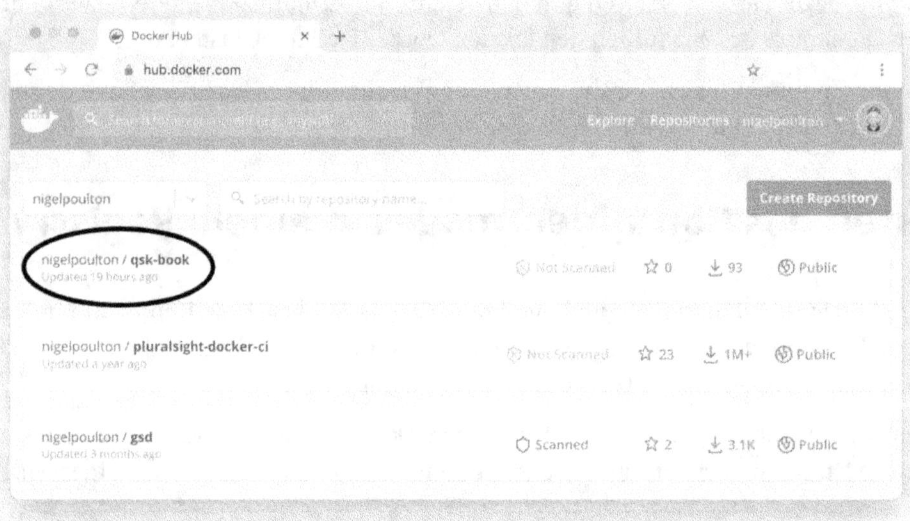

Abbildung 5.2

Zu diesem Zeitpunkt haben wir eine Anwendung als Container Image containerisiert und in das Docker Hub Registry gepusht. Damit sind wir jetzt bereit, Kubernetes einzusetzen.

Kapitel Zusammenfassung

In diesem Kapitel haben wir gelernt, dass eine *containerisierte App* eine App ist, die als ein Container Image erstellt wurde.

Man benutzt `git`, um das GitHub Repo dieses Buches zu klonen, und Docker, um die App zu containerisieren und auf Docker Hub zu pushen.

6: Ausführen einer Anwendung in Kubernetes

In diesem Kapitel werden wir eine einfache containerisierte Anwendung in einem Kubernetes Cluster deployen.

Dazu brauchst du zunächst ein Kubernetes Cluster. Kapitel 3 kann dir dabei helfen. Wenn du Docker Desktop auf Windows 10 verwendest, solltest du im **Linux Containers** Modus sein (Rechtsklick auf den Docker Wal in der Systemleiste und `Switch to Linux containers` auswählen).

Wenn du dem Buch bis hierher gefolgt bist, wirst du die App deployen, die du im vorherigen Kapitel erstellt und containerisiert hast. Wenn du das letzte Kapitel übersprungen hast, kein Problem, du kannst die öffentliche Kopie der App von Docker Hub verwenden.

So werden wir die Dinge angehen:

- Verifiziere dein Kubernetes Cluster
- Deploye die App in Kubernetes
- Verbinde dich mit deiner App

Verifiziere dein Kubernetes Cluster

Für die folgenden Schritte brauchst du die `kubectl` Kommandozeile und ein funktionierenden Kubernetes Cluster.

Führe den folgenden Befehl aus, um sicherzugehen, dass du mit deinem Kubernetes Cluster verbunden bist und dieser betriebsbereit ist.

Docker Desktop Beispiel.

```
$ kubectl get nodes
NAME                 STATUS    ROLES     AGE     VERSION
docker-desktop       Ready     master    21h     v1.23.0
```

Beachte, wie der Docker Desktop Cluster nur einen Node in einer einzigen Zeile der Ausgabe angibt. Das liegt daran, dass es sich um ein Single Node Cluster handelt. In dieser Konfiguration fungiert der Single Node als *Master* und *Worker Node.* Was aber eigentlich wichtig ist, ist dass kubectl mit deinem Cluster kommunizieren kann und alle Nodes als Ready anzeigt.

Linode Kubernetes Engine (LKE) Beispiel.

```
$ kubectl get nodes
NAME                            STATUS    ROLES     AGE     VERSION
lke16405-20053-5ff63e4400b7     Ready     <none>    5m      v1.23.0
lke16405-20053-5ff63e446413     Ready     <none>    5m      v1.23.0
```

Die Anzahl angegebener Nodes hängt davon ab, wie viele Nodes du deinem Cluster hinzugefügt hast. *Master* werden in der Ausgabe nicht angegeben, weil sie von der Cloud Plattform verwaltet werden und versteckt sind. Du kannst dir aber trotzdem sicher sein, dass mit dem LKE Cluster kommuniziert wird, weil die Namen der Nodes mit lke anfangen. Alle Nodes sollten den Ready Status haben.

Sollte sich kubectl in Docker Desktop mit dem falschen Cluster/Node verbinden, kannst du auf den Docker Wal in der Systemleiste klicken und den korrekten Cluster auswählen, wie in Abbildung 6.1 gezeigt.

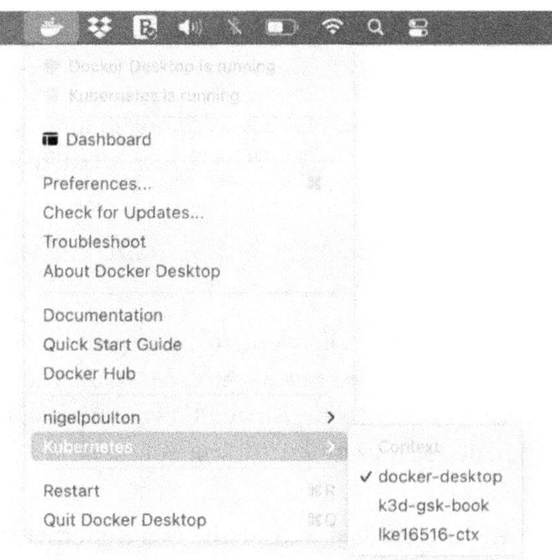

Abbildung 6.1

Wenn du Docker Desktop nicht benutzt und sich `kubectl` mit einem falschen Cluster verbinden, kannst du es wie folgt ändern.

Liste alle definierten Kontexte in deiner kubeconfig Datei auf.

```
$ kubectl config get-contexts
CURRENT   NAME             CLUSTER          AUTHINFO
          docker-desktop   docker-desktop   docker-desktop
          k3d-qsk-book     k3d-qsk-book     admin@k3d-qsk-book
*         lke16516-ctx     lke16516         lke16516-admin
```

Die Ausgabe listet drei Kontexte auf und der aktuelle Kontext ist auf `lke16516-ctx` gesetzt.

Der folgende Befehl wechselt in den `docker-desktop` context. Du musst möglicherweise in einen anderen Kontext wechseln.

```
$ kubectl config use-context docker-desktop
Switched to context "docker-desktop".
```

Solange der `kubectl get nodes` Befehl die richtigen Nodes ausgibt und sie als Ready angibt, sind wir bereit, um mit dem nächsten Abschnitt weiterzumachen.

Deploye die App in Kubernetes

In dem vorigen Kapitel haben wir eine Node.js Webanwendung in ein Container Image containerisiert und es auf Docker Hub gespeichert. Diese werden wir jetzt in Kubernetes deployen.

Auch wenn Kubernetes *Container* orchestriert und ausführt, müssen diese zunächst in ein Kubernetes Konstrukt namens *Pod* verpackt werden.

Ein Pod ist ein verpackter Container. Oft werden die Begriffe *Container* und *Pod* sogar synonym verwendet. Für uns ist zunächst nur wichtig, dass Kubernetes Container innerhalb von Pods ausführt – genauso, wie virtuelle Anwendungen innerhalb einer VM ausführen, führt Kubernetes containerisierte Apps innerhalb von Pods aus.

> **Anmerkung**: Für mehr Details über Pods, siehe Das Kubernetes Buch (auch von Nigel Poulton).

Definition eines Kubernetes Pods

Der Pod, den wir deployen werden, ist in einer YAML Datei namens `pod.yml` in dem Root Verzeichnis des GitHub Repos dieses Buches definiert. Man kann der Datei einen beliebigen Namen geben, aber die Struktur des Inhalts folgt strengen YAML Regeln. Falls du's nicht schon weißt, YAML ist eine Sprache zur Konfiguration von Dateien. Und sie ist schmerzhaft streng in Bezug auf den richtigen Gebrauch von Einrückungen :-D

```
apiVersion: v1
kind: Pod
metadata:
  name: first-pod
  labels:
    project: qsk-book
spec:
  containers:
    - name: web
      image: nigelpoulton/qsk-book:1.0
      ports:
        - containerPort: 8080
```

Wir gehen Schritt für Schritt durch diese Datei, um zu verstehen, was sie definiert.

Die `apiVersion` und `kind` Zeilen sagen Kubernetes den Typ und die Version des Objektes, das deployt werden soll. In diesem Fall ein Pod Objekt, wie es in der `v1` API definiert ist. Das ist mal wieder eine Menge Fachsprache, die Kubernetes im Prinzip vermittelt, einen Pod zu deployen, der auf Version 1 (`v1`) der Pod Spezifikation basiert.

Der `metadata` Block listet den Pod Namen und ein einzelnes Label auf. Der Name hilft dabei, den Pod zu identifizieren und zu verwalten, während er ausgeführt wird. Das Label (`project = qsk-book`) ist nützlich, um Pods zu organisieren und sie mit anderen Objekten zu assoziieren, zum Beispiel Load Balancern. Wir sehen Labels später noch in Aktion.

Der `spec` Abschnitt gibt den Container an, den dieser Pod ausführen soll, sowie den genutzten Port. Beachte, dass dieser Pod die App ausführt, die wir im vorherigen Kapitel containerisiert haben (das `nigelpoulton/qsk-book:1.0` Image).

Abbildung 6.2 zeigt, wie der Pod den Container verpackt. Diese Pod Verpackung ist notwendig, damit ein Container auf Kubernetes ausgeführt werden kann, und sie ist ziemlich leichtgewichtig, weil sie nur Metadaten hinzufügt.

```
apiVersion: v1
kind: Pod
metadata:
  name: first-pod
  labels:
    project: qsk-book
spec:
  containers:
  - name: web-ctr
    image: nigelpoulton/qsk-book:1.0
    ports:
      - containerPort: 8080
```


Abbildung 6.2

Deployment der App (des Pods)

Die App, die deployt werden soll, befindet sich in einem Pod namens `first-pod` und wird in einer YAML Datei namens `pod.yml` definiert. Die einfachste Art, sie zu deployen, geht mit `kubectl`, indem man die YAML Datei an Kubernetes sendet.

Führe den folgenden Befehl aus, um jegliche Pods aufzulisten, die möglicherweise bereits in deinem Cluster laufen. Wenn du mit einem neuen Cluster arbeitest, wie in Kapitel 3 beschrieben, sollten keine anderen Pods laufen.

```
$ kubectl get pods
No resources found in default namespace.
```

Deploye den `first-pod` Pod mit folgendem Befehl und verifiziere den Vorgang. Der erste Befehl muss in dem Verzeichnis ausgeführt werden, in dem sich die `pod.yml` Datei befindet. Das ist das Root Verzeichnis des GitHub Repos. Wenn du dich noch in dem App Verzeichnis befindest (das kannst du mit `pwd` überprüfen), musst du ein Verzeichnis zurück gehen mit dem dem "`cd ..`" Befehl.

```
$ kubectl apply -f pod.yml
pod/first-pod created
```

```
$ kubectl get pods
NAME            READY     STATUS       RESTARTS     AGE
first-pod       1/1       Running      0            8s
```

Glückwunsch, die App läuft nun auf Kubernetes!

Der `kubectl apply` Befehl erlaubt es einem, eine Datei (`-f`) anzugeben, die and den Kubernetes API Server geschickt wird. Kubernetes speichert die Pod Definition in dem Cluster Speicher und der Scheduler findet Nodes, die das ausführen, was in der Datei definiert wurde.

Wenn man den zweiten Befehl zu schnell nach dem ersten ausführt, hat der Pod möglicherweise noch nicht den `Running` Status erreicht.

`kubectl` bietet die get und `describe` Befehle, um Konfiguration und Status von Objekten zu überprüfen. Wir haben schon gesehen, dass `kubectl get` eine kurze Zusammenfassung gibt. Das folgende Beispiel zeigt, dass `kubectl describe` um einiges umfangreicher ist. Ich musste die Ausgabe sogar etwas kürzen, damit du dich nicht über zu lange Kommandozeilen Ausgaben beschwerst ;-)

```
$ kubectl describe pod first-pod

Name:              first-pod
Namespace:         default
Node:              docker-desktop/192.168.65.3
Labels:            project=qsk-book
Status:            Running
IPs:
  IP:  10.1.0.11
Containers:
  web-ctr:
    Image:         nigelpoulton/qsk-book:1.0
    Port:          8080/TCP
    State:         Running
    <Snip>
Conditions:
  Type               Status
  Initialized        True
  Ready              True
  ContainersReady    True
  PodScheduled       True
Events:
  Type    Reason    Age    From            Message
  ----    ------    ----   ----            -------
  <Snip>
  Normal  Created   110s   kubelet         Created container web-ctr
  Normal  Started   110s   kubelet         Started container web-ctr
```

Auch wenn der Pod aktiv ist und die Anwendung läuft: Kubernetes hat noch ein weiteres Objekt, dass eine Verbindung ermöglicht.

Verbinde dich mit deiner App

Um sich mit der App zu verbinden, braucht man ein gesondertes Objekt namens "Service".

Anmerkung: "Objekt" ist ein technischer Begriff zur Beschreibung von etwas, dass auf Kubernetes läuft. Wir haben schon ein Pod *Objekt* deployt. Jetzt werden wir ein Service *Objekt* deployen, um eine Verbindung mit dem laufenden Pod zu ermöglichen.

Definition eines Kubernetes Services

Die `svc-local.yml` Datei definiert ein Service Objekt zur Verbindung, wenn man Docker Desktop oder andere lokale Cluster verwendet. Die `svc-cloud.yml` Datei definiert ein Service Objekt zur Verbindung, wenn der Cluster sich in der Cloud befindet (falls du ein LKE Cluster erstellt hast, wie in Kapitel 3 beschrieben).

Die folgende Auflistung zeigt den Inhalt der `svc-cloud.yml` Datei.

```
apiVersion: v1
kind: Service
metadata:
  name: cloud-lb
spec:
  type: LoadBalancer
  ports:
  - port: 80
    targetPort: 8080
  selector:
    project: qsk-book
```

Schritt für Schritt.

Die ersten zwei Zeilen sind ähnlich wie in der `pod.yml` Datei. Sie sagen Kubernetes, ein Service Objekt zu deployen, das auf der `v1` Spezifikation basiert.

Der `metadata` Abschnitt gibt dem Service den Namen "cloud-lb".

Die Magie geschieht im `spec` Abschnitt. Das `spec.type: LoadBalancer` Feld sagt Kubernetes, einen internet-gerichteten Load Balancer auf der zugrundeliegenden Cloud Plattform zu deployen. Wenn der Cluster zum Beispiel auf AWS läuft, so stellt dieser Service automatisch einen AWS Network Load Balancer (NLB) oder einen Classic Load Balancer (CLB) bereit. Dieser `spec` Abschnitt konfiguriert einen internet-gerichteten Load Balancer auf der zugrundeliegenden Cloud, der Verkehr an Port 80 annimmt und ihn von Port 8080 an jegliche Pods weiterleitet, die das `project: qsk-book` Label haben.

Lass das einen Moment einwirken. Vielleicht liest du's einfach nochmal.

Die `svc-local.yml` Datei definiert einen NodePort Service statt eines LoadBalancer Service. Das liegt daran, dass Docker Desktop und andere lokale Cluster keinen Zugriff auf internetgerichtete Load Balancer haben.

Eine kurze Anmerkung bezüglich Labels

Vielleicht erinnerst du dich daran, wie wir vor kurzem erklärt haben, dass Kubernetes *Labels* zur Assoziierung von Objekten verwendet. Wenn man die `pod.yml` und `svc-cloud.yml` Dateien genau betrachtet, sieht man, dass sie beide Referenz zum `project: qsk-book` Label beziehen.

Abbildung 6.3

Der Pod trägt das Label, während das Service Objekt es nutzt, um eine Auswahl zu treffen. Diese Kombination erlaubt es dem Service, Verkehr an alle Pods mit dem Label innerhalb des Clusters weiterzuleiten. Kubernetes ist also schlau genug, eine aktuelle Liste aller Pods mit dem Label zu halten, und sie in Echtzeit zu aktualisieren.

Zur Zeit hast du nur einen Pod mit dem Label. Wenn du aber mehr Pods mit dem Label hinzufügst, bemerkt Kubernetes das und leitet den Verkehr an sie alle weiter. Das sehen wir im nächsten Kapitel noch in Aktion.

Deployment des Service

So wie die Pods kann man auch Service Objekte mit `kubectl apply` deployen.

Wie bereits erwähnt hat unser GitHub Repo zwei Services:

- `svc-cloud.yml` ist für den Gebrauch mit cloud-basierten Clustern. Wir nennen ihn den "Load Balancer Service"
- `svc-local.yml` ist für den Gebrauch mit Clustern, wie Docker Desktop, die nicht auf Clouds laufen. Wir nennen ihn den "NodePort Service"

Der *Load Balancer Service* sagt Kubernetes, dass einer der internet-gerichteten Load Balancer deiner Cloud deployt werden soll. Er funktioniert mit den meisten Clouds und ist ein einfacher Weg, deine Anwendung im Internet freizugeben.

Der *NodePort Service* gibt die Anwendung über jeden Node des Clusters an einen gemeinsamen Netzwerk Port frei. Das Beispiel, dass wir verwenden, gibt die Anwendung an Port 31111 eines jeden Cluster Nodes frei. Wenn du Docker Desktop benutzt, wird die Anwendung über den `localhost` Adapter des Host Computers freigegeben, auf dem Docker Desktop installiert ist. Keine Sorge, wenn sich das verwirrend anhört. Wir erklären es anhand eines Beispiels.

Wir schauen uns zuerst das Docker Desktop (nicht-Cloud) Beispiel an.

Verbindung mit der App, wenn dein Cluster nicht in der Cloud ist, z.B. Docker Desktop

Der folgende Befehl deployt einen Service namens `svc-local`, der in der `svc-local.yml` Datei im Root Verzeichnis des GitHub Repos definiert ist. Der Name des Service und der Datei müssen nicht übereinstimmen, aber man muss den Befehl in dem Verzeichnis ausführen, in dem sich die `svc-local.yml` Datei befindet.

```
$ kubectl apply -f svc-local.yml
service/svc-local created
```

Nutze den folgenden Befehl, um zu prüfen, ob der Service aktiv ist.

```
$ kubectl get svc
NAME         TYPE       CLUSTER-IP      EXTERNAL-IP    PORT(S)        AGE
svc-local    NodePort   10.108.72.184   <none>         80:31111/TCP   11s
```

Die Ausgabe zeigt Folgendes.

Der Service heißt "svc-local" und läuft seit 11 Sekunden.

Der CLUSTER-IP Wert ist eine IP Adresse im internen Kubernetes Pod Netzwerk und wird von anderen Pods und Anwendungen verwendet, die auf dem Cluster laufen. Wir werden uns nicht mit dieser Adresse verbinden.

Weil es sich um einen NodePort Service handelt, kann auf ihn zugegriffen werden, indem man sich mit einem beliebigem Cluster Node an Port 31111 verbindet, so wie in der PORT(S) Spalte angegeben.

Die Ausgabe listet einen weiteren Service namens Kubernetes auf. Dieser wird intern von Kubernetes zur Service Entdeckung verwendet.

Jetzt, wo der Service läuft, kann man sich mit der App verbinden.

Öffne einen Web Browser auf dem gleichen Computer, auf dem auch dein Kubernetes Cluster läuft, und tippe localhost:31111 in die Adressleiste. Wenn du Docker Desktop verwendest, solltest du einen Browser von dem Computer öffnen, auf dem Docker Desktop läuft.

> **Vorsicht!** Als dieses Buch geschrieben wurde, hatte Docker Desktop auf macOS einen Bug, der den NodePort daran hindert, sich an den localhost Adapter zu binden. Wenn dein Browser sich nicht mit der App verbindet, so ist dies vermutlich der Grund dafür.

Die Webseite sieht aus wie in Abbildung 6.4 abgebildet.

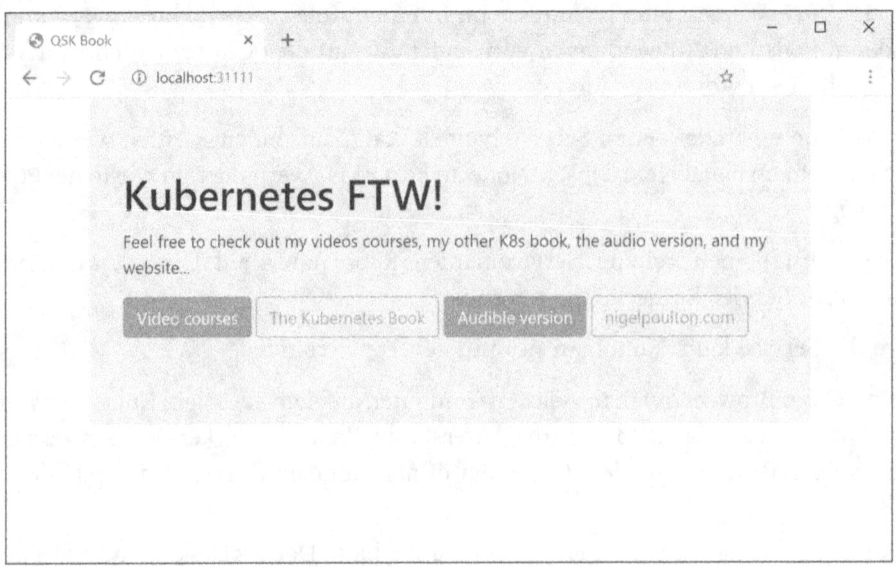

Abbildung 6.4

Glückwunsch, du hast eine App containerisiert, sie in Kubernetes deployt, und dich damit verbunden.

Verbindung mit der App, wenn dein Kubernetes Cluster in der Cloud ist

Der folgende Befehl deployt einen Load Balancer Service namens `cloud-lb`, der in der `svc-cloud.yml` Datei im Root Verzeichnis des GitHub Repos definiert ist. Man muss den Befehl in dem Verzeichnis ausführen, in dem sich diese Datei befinden.

```
$ kubectl apply -f svc-cloud.yml
service/cloud-lb created
```

Überprüfe den Service mit dem folgenden Befehl. Man kann auch `kubectl describe svc <Servicename>` Befehl ausführen, um noch mehr Informationen zu erhalten.

```
$ kubectl get svc
NAME        TYPE           CLUSTER-IP      EXTERNAL-IP      PORT(S)
cloud-lb    LoadBalancer   10.128.29.224   212.71.236.112   80:30956/TCP
```

Die Ausgabe zeigt möglicherweise `<pending>` in der `EXTERNAL-IP` Spalte an, während alles eingestellt wird. Das kann auf einigen Cloud Plattformen mehrere Minuten dauern.

Die Ausgabe zeigt eine ganze Menge. Wir erklären also nur die Teile, an denen wir interessiert sind.

Der Service wurde erstellt und der `TYPE` wurde korrekt auf `LoadBalancer` gesetzt. Einer der internet-gerichteten Load Balancer der zugrundeliegenden Cloud wurde deployt und die IP Adresse `212.71.236.112` zugewiesen, wie in der `EXTERNAL-IP` Spalte angezeigt (deine sollte anders sein). Der Load Balancer lauscht an Port `80` (die "80" in `80:30956/TCP`).

Lange Geschichte, kurzer Sinn, man kann einen beliebigen Browser an die IP `212.71.236.112` an Port `80` weiterleiten, um sich mit der App zu verbinden, wie in Abbildung 6.5 zu sehen. Vergiss nicht, die externe IP Adresse aus deiner eigenen Umgebung zu verwenden.

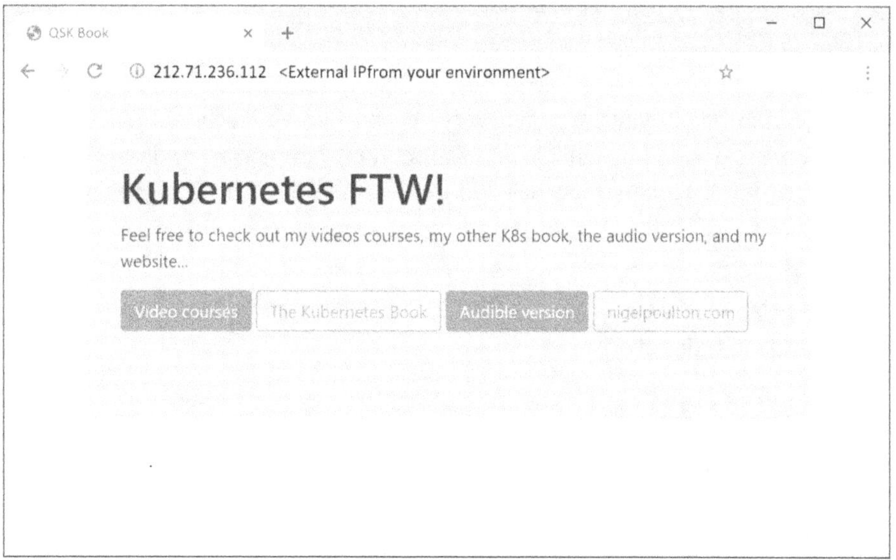

Abbildung 6.5

Bei dem Docker Desktop Beispiel ist die interne `CLUSTER-IP` für den Gebrauch anderer Anwendungen in dem Kubernetes Cluster, und der Wert rechts vom Doppelpunkt in der Spalte `PORT(S)` ist der Port, an dem die App über jeden Cluster Node freigegeben wird. Zum Beispiel, wenn man die IP Adressen des Cluster Nodes kennt, kann man sich mit der App verbinden, indem man sich mit einer beliebigen Node IP an dem Port verbindet, der rechts vom Doppelpunkt angegeben wird.

Glückwunsch, du hast eine App containerisiert, sie in Kubernetes deployt, einen internet-gerichteten Load Balancer deployt, und dich mit der App verbunden.

Aufräumen

Um einen sauberen Cluster zu Beginn des nächsten Kapitels zu haben, sollten wir den Pod und Service löschen.

Liste alle Services deines Clusters auf und merk dir den Namen des Service, den du deployt hast.

```
$ kubectl get svc
NAME         TYPE           CLUSTER-IP       EXTERNAL-IP      PORT(S)
cloud-lb     LoadBalancer   10.128.29.224    212.71.236.112   80:30956/TCP
...
```

Führe die folgenden Befehle aus, um den Service und Pod zu löschen. Es dauert vielleicht einige Sekunden, bis der Pod beendet wird, während er darauf wartet, dass die App sauber heruntergefahren wird. Stelle sicher, dass du den Namen des Service verwendest, der auf deinem eigenen System läuft.

```
$ kubectl delete svc cloud-lb
service "cloud-lb" deleted
```

```
$ kubectl delete pod first-pod
pod "first-pod" deleted
```

Kapitel Zusammenfassung

In diesem Kapitel haben wir gelernt, dass containerisierte Apps innerhalb eines Pods laufen müssen, wenn sie in Kubernetes ausgeführt werden sollen. Glücklicherweise sind Pods leichtgewichtige Konstrukte, was bedeutet, dass sie deine Anwendung nicht aufwändiger machen.

Wir haben eine einfache Pod Definition innerhalb einer YAML Datei gesehen und gelernt, wie man sie in Kubernetes mit dem `kubectl apply` Befehl deployt. Wir haben außerdem gelernt, wie man Pods und andere Kubernetes Objekte mit den `kubectl get` und `kubectl describe` Befehlen inspiziert.

Schließlich haben wir gelernt, dass man einen Kubernetes Service braucht, wenn man sich mit Anwendungen verbinden möchte, die innerhalb von Pods laufen.

So weit so gut, wir haben eine App erstellt, containerisiert, deployt und uns damit verbunden. Noch haben wir aber kein Self-healing, keine Skalierung, oder andere cloud-native Funktionen gesehen, die Kubernetes bereitstellt. Das alles machen wir in den folgenden Kapiteln.

7: Hinzufügen von Self-healing

In diesem Kapitel lernen wir von dem Kubernetes Deployment Objekt und verwenden es, um Self-healing einzuführen.

Das Kapitel ist wie folgt eingeteilt:

- Einführung in Kubernetes Deployments
- Self-healing nach Pod Versagen
- Self-healing nach Node Versagen

Einführung in Kubernetes Deployments

In Kapitel 6 haben wir gelernt, dass Kubernetes ein *Service* Objekt nutzt, um eine Netzwerkverbindung für Apps bereitzustellen, die in Pods laufen. Es hat ein weiteres Objekt namens *Deployment*, um *Self-healing* zu ermöglichen. Deployments ermöglichen auch Skalierung und Rolling Updates.

So wie Pod- und Service Objekte, werden auch Deployments in einer YAML Manifest Datei definiert.

Abbildung 7.1 zeigt ein solches Deployment Manifest. Die Beschreibungen wurden hinzugefügt, um zu zeigen, wie ein Container in einem Pod eingebettet ist, und wie ein Pod in einem Deployment eingebettet ist.

```
apiVersion: apps/v1
kind: Deployment
metadata:
  name: qsk-deploy
spec:
  replicas: 5
  selector:
    matchLabels:
      project: qsk-book
  template:
    metadata:
      labels:
        project: qsk-book
    spec:
      containers:
      - name: hello-pod
        imagePullPolicy: Always
        ports:
        - containerPort: 8080
        image: nigelpoulton/qsk-book:1.0
```

Abbildung 7.1

Diese Einbettung (oder Verpackung) ist wichtig, wenn man verstehen will, wie alles zusammenhängt.

- Der Container stellt das Betriebssystem und andere App Abhängigkeiten bereit.
- Der Pod stellt Metadaten und andere Konstrukte für den Container bereit, damit er auf Kubernetes laufen kann.
- Das Deployment stellt cloud-native Funktionen bereit, einschließlich Self-healing.

Wie Deployments funktionieren

Es gibt zwei wichtige Elemente in der Funktion eines Deployments.

1. Das Deployment Objekt
2. Der Deployment Controller

Das *Deployment Objekt* ist eine YAML Konfiguration, die eine Anwendung definiert. Es bestimmt, welcher Container ausgeführt wird, an welchem Netzwerkport gelauscht wird, und wie viele Instanzen (Pods) eingesetzt werden.

Der *Deployment Controller* ist ein Control-plane Prozess, der den Cluster ständig beobachtet und sicherstellt, dass alle Deployment Objekte so laufen, wie sie sollen.

Dazu ein kurzes Beispiel.

Man definiert eine Anwendung in einem Kubernetes Deployment Manifest. Es definiert fünf Instanzen eines Pods namens zephyr-one. Mit kubectl sendet man es an Kubernetes und Kubernetes plant dann die fünf Pods des Clusters.

Zu diesem Zeitpunkt stimmt der *beobachtete Status* mit dem *erwünschten Status* überein. Das heißt, der Cluster führt das aus, was er soll. Sagen wir, dass ein Node versagt und die Anzahl an zephyr-one Pods auf vier verringert wird. Der *beobachtete Status* stimmt nun nicht mehr mit dem *erwünschten Status* überein und wir haben ein Problem.

Keine Sorge. Denn der Deployment Controller beobachtet den Cluster und erkennt die Veränderung. Er weiß, dass wir fünf Pods benötigen, er sieht aber nur vier. Er startet also einen fünften Pod, um den *beobachteten Status* wieder mit dem *erwünschten Status* in Übereinstimmung zu bringen. Diesen Vorgang nennt man *reconciliation* (engl. "Versöhnung").

Das ganze jetzt also in Aktion.

Self-healing nach Pod Versagen

In diesem Abschnitt nutzen wir Kubernetes Deployments, um fünf Replikate eines Pods zu deployen. Danach löschen wir einen der Pods absichtlich und schauen zu, wie Kubernetes das wieder in Ordnung bringt.

Dazu nutzen wir das deploy.yml Manifest im Root Verzeichnis unseres GitHub Repos. Wie im folgenden Ausschnitt zu sehen ist, werden fünf Pod Replikate definiert, die die containerisierte App aus den vorherigen Kapiteln deployt. Die YAML Datei wurde zum besseren Verständnis kommentiert.

```
kind: Deployment                  <<== Typ des definierten Objektes
apiVersion: apps/v1               <<== Version der Objekt Spezifikation
metadata:
  name: qsk-deploy
spec:
  replicas: 5                     <<== Wie viele Pod Replikate
  selector:
    matchLabels:                  <<== Sagt dem Deployment Controller,
      project: qsk-book           <<== welche Pods verwaltet werden sollen

  template:
    metadata:
      labels:
        project: qsk-book         <<== Pod Label
    spec:
      containers:
      - name: qsk-pod
        imagePullPolicy: Always       <<== Keine lokalen Images nutzen

        ports:
        - containerPort: 8080                 <<== Netzwerk Port
          image: nigelpoulton/qsk-book:1.0  <<== Image der App
```

Fachbegriffe: Die Begriffe *Pod, Instanz,* und *Replikat* werden synonym verwendet – eine Instanz eines Pods, die eine containerisierte App ausführt. Ich verwende normalerweise "Replikat".

Überprüfe, ob auf deinem Cluster bereits irgendwelche Pods oder Deployments laufen.

```
$ kubectl get pods
No resources found in default namespace.


$ kubectl get deployments
No resources found in default namespace.
```

Verwende jetzt `kubectl` um das Deployment in dein Cluster einzusetzen. Der Befehl muss in dem Ordner ausgeführt werden, in dem sich die `deploy.yml` Datei befindet.

```
$ kubectl apply -f deploy.yml
deployment.apps/qsk-deploy created
```

Überprüfe den Status des Deployments und ihrer verwalteten Pods.

```
$ kubectl get deployments
NAME          READY     UP-TO-DATE    AVAILABLE     AGE
qsk-deploy    5/5       5             5             4m

$ kubectl get pods
NAME                     READY   STATUS     RESTARTS   AGE
qsk-deploy-6999...wv8    0/1     Running    0          4m
qsk-deploy-6999...9nl    0/1     Running    0          4m
qsk-deploy-6999...g8t    0/1     Running    0          4m
qsk-deploy-6999...xp7    0/1     Running    0          4m
qsk-deploy-6999...17f    0/1     Running    0          4m
```

Wie man sieht, laufen fünf Replikate und sind im READY Status. Der Deployment Controller läuft auf der Control-plane und beobachtet den Systemstatus.

Pod Versagen

Es ist möglich, dass Pods und die App, die sie ausführen, abstürzen oder versagen. Kubernetes kann *versuchen*, Self-healing einzuleiten, indem ein neuer Pod gestartet wird, der den fehlgeschlagenen ersetzt.

Verwende `kubectl delete pod`, um einen der Pods zu löschen (such dir einen der Namen aus deiner vorherigen `kubectl get pods` Ausgabe aus.)

```
$ kubectl delete pod qsk-deploy-69996c4549-r59nl
pod "qsk-deploy-69996c4549-r59nl" deleted
```

Sobald der Pod gelöscht ist, verringert sich die Anzahl an Pods im Cluster auf vier und stimmt nicht mehr mit dem *erwünschten Status* überein. Der Deployment Controller erkennt dies und startet automatisch einen neuen Pod, um die Zahl der beobachteten Pods wieder auf fünf zu bringen.

Liste die Pods noch einmal auf und überprüfe, ob ein neuer Pod gestartet wurde.

```
$ kubectl get pods
NAME                        READY   STATUS    RESTARTS   AGE
qsk-deploy-69996c4549-mwl7f   1/1   Running   0          20m
qsk-deploy-69996c4549-9xwv8   1/1   Running   0          20m
qsk-deploy-69996c4549-ksg8t   1/1   Running   0          20m
qsk-deploy-69996c4549-qmxp7   1/1   Running   0          20m
qsk-deploy-69996c4549-hd5pn   1/1   Running   0          5s
```

Glückwunsch. Es laufen fünf Pods und Kubernetes hat Self-healing vollbracht, ohne dass wir eingreifen mussten.

Beachte außerdem, dass der letzte Pod in der Liste nur seit fünf Sekunden läuft. Das ist also der Ersatz Pod, den Kubernetes gestartet hat, um den erwünschten Status beizubehalten.

Schauen wir uns nun an, wie Kubernetes mit einem Node Versagen zurechtkommt.

Self-healing nach Node Versagen

Wenn ein Node versagt, gehen alle Pods darauf verloren. Wenn diese Pods von einem Controller, wie z.B. einem Deployment, verwaltet werden, wird ein Ersatz auf anderen Nodes im Cluster gestartet.

> **Anmerkung**: Wenn der Cluster in einer Cloud läuft, die *Node Pools* nutzt, wird möglicherweise auch der Node ersetzt. Das ist aber eine Node Pool- und Cloud Infrastruktur Funktion, und somit keine Funktion von Deployments.

Du kannst den Schritten in diesem Abschnitt nur folgen, wenn du ein Multi Node Cluster hast, aus dem Nodes manuell entfernt werden können. Wenn du ein Multi Node Cluster auf der Linode Kubernetes Engine erstellt hast, wie in Kapitel 3 beschrieben, kannst du hier weitermachen. Wenn du ein Single Node Docker Desktop Cluster hast, musst du dich damit zufrieden geben, bloß mitzulesen.

Der folgende Befehl listet alle Pods deines Clusters auf und den Node, auf dem jeder Pod läuft. Die Ausgabe wurde gekürzt, um in das Buch zu passen.

```
$ kubectl get pods -o wide
NAME            READY     STATUS      <Snip>    NODE
qsk...mwl7f     1/1       Running     ...       lke...98
qsk...9xwv8     1/1       Running     ...       lke...98
qsk...ksg8t     1/1       Running     ...       lke...1a
qsk...qmxp7     1/1       Running     ...       lke...1a
qsk...hd5pn     1/1       Running     ...       lke...1a
```

Wie man sieht, laufen auf beiden Nodes mehrere Pods. Der nächste Schritt löscht einen Node und damit alle darauf laufenden Pods. Das Beispiel löscht den lke...98 Node.

Der folgende Vorgang zeigt, wie man ein Cluster Node auf der Linode Kubernetes Engine (LKE) löscht. Einen Node auf diese Weise zu löschen simuliert plötzliches Node Versagen.

1. Zeige LKE Cluster in der Linode Cloud Console an

2. Scrolle runter zu Node Pools

3. Klicke auf einen der Nodes um ihn auszuwählen

4. Klicke auf die drei Punkte und lösche den Node wie in Abbildung 7.2 gezeigt.

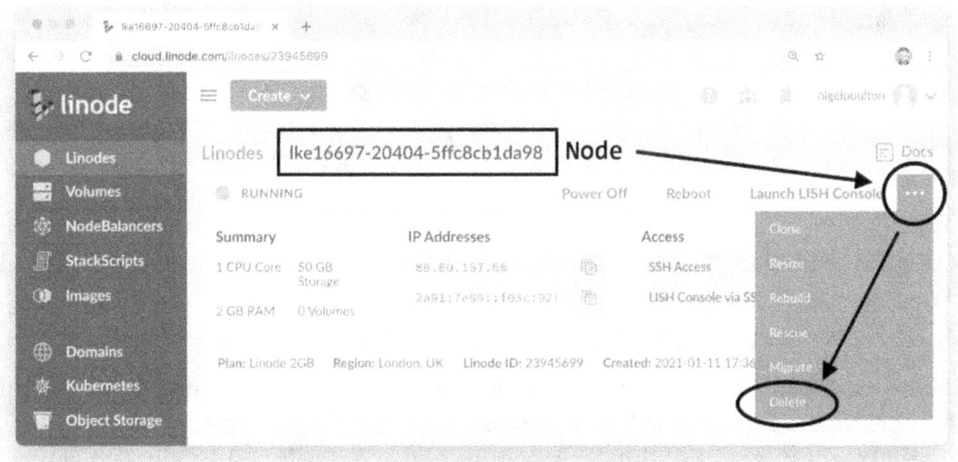

Abbildung 7.2

Schaue, ob der Node tatsächlich gelöscht wurde. Wenn du damit zu lange wartest, hat LKE den gelöschten Node bereits wieder ersetzt. Es kann ein bis zwei Minuten dauern, bis der fehlende Node in der Ausgabe angezeigt wird.

```
$ kubectl get nodes
NAME                 STATUS     ROLES      AGE      VERSION
lke...98             Ready      <none>     3d1h     v1.23.0
lke...1a             NotReady              3d1h     v1.23.0
```

Sobald Kubernetes sieht, dass der Node den Status NotReady hat, bemerkt es auch die fehlenden Pods und erstellt Ersatz. Das kannst du überprüfen. Es dauert vielleicht ein paar Sekunden, bis die Ersatz Pods den Running Status erreichen.

```
$ kubectl get pods
NAME            READY    STATUS              <Snip>    NODE
qsk...ksg8t     1/1      Running             ...       lke...1a
qsk...qmxp7     1/1      Running             ...       lke...1a
qsk...hd5pn     1/1      Running             ...       lke...1a
qsk...6bqmk     0/1      ContainerCreating   ...       lke...1a
qsk...ps9nt     0/1      ContainerCreating   ...       lke...1a

<kurzes Warten>

$ kubectl get deployments
NAME         READY    UP-TO-DATE    AVAILABLE    AGE
qsk-deploy   5/5      5             5            18m
```

Die Ausgabe zeigt, dass Kubernetes zwei Pods erstellt hat, die jene ersetzen, die mit der Löschung des lke...98 Nodes verloren gegangen sind. Alle neuen Pods wurden in den lke...1a Node eingeplant, weil es der letzte funktionelle Node im Cluster war.

Nach etwa einer Minute wird LKE den gelöschten Node ersetzt haben und der Cluster hat wieder zwei Nodes. Dies ist eine Funktion von LKE, nicht vom Kubernetes Deployment Objekt. Es funktioniert, weil LKE's Implementierung von *Node Pools* die Idee eines *erwünschten Status* hat. Als der Cluster erstellt wurde, haben wir zwei Nodes beantragt. Als einer gelöscht wurde, hat LKE die Veränderung im Status bemerkt und dem Cluster einen ganzen Node hinzugefügt, um den beobachteten Status wieder in Einklang mit dem erwünschten Status zu bringen.

Auch wenn der Cluster jetzt wieder zwei Nodes hat, wird Kubernetes die Pods nicht wieder auf beide Nodes verteilen. Als Ergebnis haben wir also ein Cluster mit zwei Nodes, bei dem alle fünf Pods auf einem einzigen Node laufen.

Kapitel Zusammenfassung

In diesem Kapitel haben wir gelernt, dass Kubernetes ein Objekt namens Deployment hat, das mehrere cloud-native Funktionen hat. Wir haben gelernt, dass es ein Deployment Controller gibt, der auf der Control-plane läuft und sicherstellt, dass der aktuelle Status des Clusters dem erwünschten entspricht.

Wir haben außerdem gesehen, wie Deployments eine Pod Spezifikation verpackt, die wiederum einen Container verpackt, der wiederum eine App und ihre Abhängigkeiten enthält.

Wir haben `kubectl` verwendet, um eine App mit dem Deployment Objekt bereitzustellen und Self-healing zu testen. Wir haben eigenhändig einen Pod und Node zerstört, und beobachtet, wie Kubernetes es wieder in Ordnung bringt.

Linode Kubernetes Engine kann außerdem einen gelöschten/zerstörten Node ersetzen. Das ist keine Funktion von Kubernetes Deployments. Andere Cloud Plattformen unterstützen zusätzlich Self-healing für Nodes, die Teil eines *Node Pools* sind.

8: Skalieren einer App

In diesem Kapitel verwenden wir mehrere Methoden, um die Zahl an Pod Replikaten in einem Deployment zu vergrößern oder zu verkleinern.

Die Methoden, die wir verwenden, sind *manuell* und erfordern einen Menschen, um sie umzusetzen. Kubernetes hat ein gesondertes Objekt namens *Horizontal Pod Autoscaler (HPA)*, das die Skalierung automatisch vornimmt. Das geht aber über den Anwendungsbereich dieses Schnellstart Buches hinaus.

Das Kapitel ist wie folgt unterteilt.

- Vorbereitungen
- Manuelle Vergrößerung
- Manuelle Verkleinerung

Vorbereitungen

Wenn du den praktischen Beispielen bis hierher gefolgt bist, hast du bereits ein Kubernetes Cluster mit fünf Replikaten einer containerisierten Anwendung und kannst daher die folgenden Schritte überspringen.

Wenn nicht, dann führe den folgenden Befehl aus, um fünf Replikate der containerisierten App in deinem Cluster zu deployen. Führe den Befehl in dem Verzeichnis aus, in dem sich die `deploy.yml` Datei befindet.

```
$ kubectl apply -f deploy.yml
deployment.apps/qsk-deploy created
```

Überprüfe mit dem `kubectl get deployments` Befehl, ob die Anwendung nun läuft.

```
$ kubectl get deployments
NAME           READY    UP-TO-DATE    AVAILABLE    AGE
qsk-deploy     5/5      5             5            4m
```

Sobald alle fünf Replikate laufen gehts weiter in den nächsten Abschnitt.

Vergrößerung einer Anwendung

In diesem Abschnitt bearbeiten wir die Deployment YAML Datei, vergrößern die Anzahl an Replikaten auf zehn und schicken sie an Kubernetes.

Überprüfe die aktuelle Anzahl an Replikaten.

```
$ kubectl get deployment qsk-deploy
NAME           READY    UP-TO-DATE    AVAILABLE    AGE
qsk-deploy     5/5      5             5            4h33m
```

Bearbeite die `deploy.yml` Datei, lege das `spec.replicas` Feld auf zehn fest, und **speichere die Veränderungen**.

```
apiVersion: apps/v1
kind: Deployment
metadata:
  name: qsk-deploy
spec:
  replicas: 5              <<== Erhöhe dies auf 10
  selector:
    matchLabels:
      project: qsk-book
<Snip>
```

Verwende `kubectl`, um die aktualisierte Datei an Kubernetes zu schicken. Sobald Kubernetes die Datei empfängt, wird der gespeicherte *erwünschte Status* von fünf auf zehn erhöht. Der Deployment Controller beobachtet die fünf Replikate auf dem Cluster und bemerkt, dass sie nicht mehr mit dem erwünschten Status von zehn übereinstimmt. Es werden also fünf

neue Replikate erstellt, um den beobachteten Status wieder auf den erwünschten Status zu
bringen.

Vergiss nicht, die Veränderungen zu speichern.

```
$ kubectl apply -f deploy.yml
deployment.apps/qsk-deploy configured
```

Führe ein paar Befehle aus, um den Status des Deployments und die Anzahl der Pods zu
überprüfen.

```
$ kubectl get deployment qsk-deploy
NAME          READY    UP-TO-DATE    AVAILABLE    AGE
qsk-deploy    10/10    10            10           4h43m
```

```
$ kubectl get pods
NAME                          READY    STATUS     RESTARTS    AGE
qsk-deploy-bbc5cf95d-58r44    1/1      Running    0           4h43m
qsk-deploy-bbc5cf95d-6bqmk    1/1      Running    0           4h26m
qsk-deploy-bbc5cf95d-jlrjc    1/1      Running    0           16s
qsk-deploy-bbc5cf95d-n2t2d    1/1      Running    0           16s
qsk-deploy-bbc5cf95d-npk4c    1/1      Running    0           4h43m
qsk-deploy-bbc5cf95d-plcj2    1/1      Running    0           4h43m
qsk-deploy-bbc5cf95d-ps9nt    1/1      Running    0           4h26m
qsk-deploy-bbc5cf95d-vbxx9    1/1      Running    0           16s
qsk-deploy-bbc5cf95d-wpx2h    1/1      Running    0           16s
qsk-deploy-bbc5cf95d-zr2jp    1/1      Running    0           16s
```

Es dauert möglicherweise ein paar Sekunden, bis die zusätzlichen Pods gestartet werden,
man kann sie aber anhand ihres Alters erkennen.

Wenn du den Beispielen der vorherigen Kapitel gefolgt bist, dann laufen die fünf neuen Pods
vermutlich alle auf dem neuen Node. Das zeigt, dass Kubernetes intelligent genug ist, um
die Pods so einzuplanen, dass alle zehn gut über die verfügbaren Nodes des Clusters verteilt
werden.

Glückwunsch. Wir haben eine Anwendung erfolgreich von fünf auf zehn Replikate vergrö-
ßert.

Verkleinerung einer Anwendung

In diesem Abschnitt verwenden wir kubectl, um die Anzahl an Pods wieder auf fünf zu verkleinern.

Führe den folgenden Befehl aus.

```
$ kubectl scale --replicas 5 deployment/qsk-deploy
deployment.apps/qsk-deploy scaled
```

Überprüfe die Anzahl an Pods. Es dauert möglicherweise ein paar Sekunden, bis der Status des Clusters geregelt wurde.

```
$ kubectl get pods
qsk-deploy-bbc5cf95d-58r44    1/1      Running    0      4h55m
qsk-deploy-bbc5cf95d-6bqmk    1/1      Running    0      4h37m
qsk-deploy-bbc5cf95d-npk4c    1/1      Running    0      4h55m
qsk-deploy-bbc5cf95d-plcj2    1/1      Running    0      4h55m
qsk-deploy-bbc5cf95d-ps9nt    1/1      Running    0      4h37m
```

Glückwunsch. Wir haben unsere Anwendung erfolgreich wieder auf fünf Replikate verkleinert.

Wichtiges Aufräumen

Anwendungen mit kubectl scale zu Skalieren kann gefährlich sein.

Wenn du bisher gefolgt bist, laufen nun fünf Replikate in dem Cluster. Die deploy.yml Datei definiert aber noch immer zehn. Wenn man zu einem späteren Zeitpunkt die deploy.yml Datei bearbeitet, um eine neue Version des Container Images zu erstellen, und diese dann an Kubernetes schickt, wird auch die Anzahl an Replikaten wieder auf zehn gesetzt. Das ist möglicherweise nicht erwünscht.

Man sollte also sehr vorsichtig sein, wenn man Skalierungen vornimmt, weil ernsthafte Probleme auftreten könnten. Es ist daher generell eine gute Idee, sich für eine Methode zur Aktualisierung aller Anwendungen zu entscheiden – entweder über die Kommandozeile oder durch die Bearbeitung von YAML Dateien. Es ist weit verbreitet, die zweite Methode zu verwenden – die YAML Datei zu bearbeiten und erneut an Kubernetes zu schicken.

Bearbeite also die `deploy.yml` Datei, setze die Anzahl an Replikaten zurück auf fünf und speichere die Veränderung. Sie stimmt dann wieder mit dem Deployment in deinem Cluster überein.

Kapitel Zusammenfassung

In diesem Kapitel haben wir gelernt, wie man ein Deployment manuell skalieren kann, indem man die YAML Datei bearbeitet. Wir haben auch gelernt, wie man solch eine Skalierung mit dem `kubectl scale` Befehl zustande bringt.

Wir haben gesehen, wie Kubernetes versucht, neue Pods auf alle Cluster Nodes zu verteilen. Kubernetes hat außerdem ein Objekt, das die Pods *automatisch* nach Bedarf skalieren kann.

9: Durchführen eines Rolling Updates

In diesem Kapitel werden wir ein *Rolling Update ohne Ausfallzeit* durchführen. Wenn du nicht genau weißt, was das bedeutet, hervorragend! Das finden wir nämlich jetzt heraus.

Wir teilen das Kapitel wie folgt auf.

- Vorbereitungen
- Aktualisierung der App

Alle Schritte dieses Kapitels können sowohl auf Docker Desktop, als auch auf Linode Kubernetes Engine (LKE) Clustern ausgeführt werden. Kapitel 3 zeigt, wie man solche erstellt. Man kann auch andere Kubernetes Cluster verwenden.

Vorbereitungen

Wenn du den anderen Kapiteln gefolgt bist, hast du alles bereit, um dieses Kapitel abschließen zu können. In dem Fall kannst du den nächsten Abschnitt überspringen.

Wenn nicht, folge diesen Schritten, um dein Labor vorzubereiten.

1. Hold dir ein Kubernetes Cluster und konfiguriere kubectl (siehe Kapitel 3).
2. Klone das GitHub Repo dieses Buches (siehe Kapitel 5).
3. Deploye die Beispiel App und den Service mit folgendem Befehl.

Der folgende Befehl muss in dem Verzeichnis ausgeführt werden, in dem sich die jeweiligen YAML Dateien befinden.

Docker Desktop Cluster Beispiel

```
$ kubectl apply -f deploy.yml -f svc-local.yml
deployment.apps/qsk-deploy created
service/svc-local created
```

Linode Kubernetes Engine (LKE)/Cloud Cluster Beispiel

```
$ kubectl apply -f deploy.yml -f svc-cloud.yml
deployment.apps/qsk-deploy created
service/cloud-lb created
```

Führe den `kubectl get deployments` und den `kubectl get svc` Befehl aus, um zu überprüfen, ob Anwendung und Service nun laufen.

```
$ kubectl get deployments
NAME         READY    UP-TO-DATE    AVAILABLE    AGE
qsk-deploy   5/5      5             5            4m


NAME         TYPE       CLUSTER-IP      EXTERNAL-IP   PORT(S)         AGE
svc-local    NodePort   10.128.97.167   <none>        8080:31111/TCP  4m
```

Es dauert möglicherweise eine Minute, bis die Pods den `running` Status erreichen, aber sobald dies geschieht kann es mit dem nächsten Abschnitt weitergehen.

Aktualisierung der App

Die App läuft mit fünf Replikaten. Das kann man mit `kubectl get deployments` überprüfen.

Wir werden ein "Rolling Update" konfigurieren, die Kubernetes dazu bringt, ein Replikat nach dem anderen auf methodische Art zu aktualisieren, bis alle fünf Replikate mit der neuen Version laufen. Kubernetes bietet eine Menge Optionen zur Kontrolle einer Aktualisierung an, aber wir halten es einfach und lassen dich weitere Optionen selbst erkunden.

Wir werden folgende Schritte durchführen.

1. Bearbeitung der `deploy.yml` Datei, um eine neue Version und Aktualisierung-Einstellungen zu konfigurieren

2. Sendung der YAML Dateien an Kubernetes

3. Beobachtung des Vorgangs

4. Test der neuen App Version

Bearbeitung der Deployment YAML Datei

Öffne die `deploy.yml` Datei und ändere die letzte Zeile (26) zu version 1.1 des Images. Füge sechs neue Zeilen hinzu (10-15), wie in der folgenden Auflistung gezeigt.

```
1 apiVersion: apps/v1
2 kind: Deployment
3 metadata:
4   name: qsk-deploy
5 spec:
6   replicas: 5
7   selector:
8     matchLabels:
9       project: qsk-book
10  minReadySeconds: 20          <<== Hinzufügen
11  strategy:                    <<== Hinzufügen
12    type: RollingUpdate        <<== Hinzufügen
13    rollingUpdate:             <<== Hinzufügen
14      maxSurge: 1              <<== Hinzufügen
15      maxUnavailable: 0        <<== Hinzufügen
16  template:
17    metadata:
18      labels:
19        project: qsk-book
20    spec:
21      containers:
22      - name: hello-pod
23        imagePullPolicy: Always
24        ports:
25        - containerPort: 8080
26        image: nigelpoulton/qsk-book:1.1    <<== Ändere zu 1.1
```

Wir erklären gleich die Funktion jeder Zeile. Zuerst aber ein paar Anmerkungen zu Aktualisierungen.

YAML ist von korrekter Einrückung besessen. Stelle also sicher, dass du jede Zeile mit der korrekten Anzahl an **Leerzeichen** einrückst. Die Datei nutzt zur Einrückung Leerzeichen, **keine Tabs**. Man kann Tabs und Leerzeichen nicht in der gleichen Datei kombinieren, man **muss Leerzeichen statt Tabs benutzen.**

Kubernetes ist außerdem streng in Bezug auf *Groß- und Kleinschreibung*. Stelle also sicher, dass du die korrekte Form für den gesamten Text verwendest.

Wenn du Probleme mit dem Bearbeiten der Datei hast, so kannst du dir die vorbereitete Version `rolling-update.yml` von dem GitHub Repo holen und diese verwenden.

Speichere deine Veränderungen.

Die Einstellungen der Aktualisierung verstehen

Der nächste Schritt schickt die aktualisierte Datei an Kubernetes. Aber lass mich erst erklären, was die hinzugefügten Zeilen tun.

```
10  minReadySeconds: 20
11  strategy:
12    type: RollingUpdate
13    rollingUpdate:
14      maxSurge: 1
15      maxUnavailable: 0
```

`minReadySeconds` in Zeile 10 sagt Kubernetes, nach jeder Replikat Aktualisierung 20 Sekunden zu warten. Kubernetes aktualisiert also das erste Replikat, wartet 20 Sekunden, aktualisiert das zweite Replikat, wartet 20 Sekunden, aktualisiert das Dritte … und so weiter.

Während des Wartens kann man gut einige Tests durchführen um sicherzugehen, dass die Replikate wie erwartet funktionieren. In Echtzeit wartet man vermutlich etwas länger als 20 Sekunden.

Kubernetes *aktualisiert* Replikate nicht wirklich. Es löscht das existierende Replikat und ersetzt es dann mit einem neuen, das die neue Version ausführt.

Zeilen 11 und 12 bringen Kubernetes dazu, alle Aktualisierungen des Deployments als *Rolling Update* zu aktualisieren.

Zeilen 14 und 15 bringen Kubernetes dazu, nur einen Pod zur Zeit zu aktualisieren. Das funktioniert wie folgt ...

Zeile 14 erlaubt es Kubernetes, während der Aktualisierung einen extra Pod zu erstellen. Wir haben fünf Pods, also kann Kubernetes die Anzahl auf maximal sechs erhöhen. Zeile 15 verhindert, dass Kubernetes die Anzahl der Pods während der Aktualisierung verringert. Wir wollen ja fünf Pods, Kubernetes darf also nicht weniger als dies deployen. Zusammen bringen Zeilen 14 und 15 Kubernetes dazu, einen Pod nach dem anderen zu aktualisieren (zu ersetzen).

Durchführung des Rolling Updates

Stelle sicher, dass du die Veränderungen gespeichert und die aktualisierte Datei an Kubernetes geschickt hast.

```
$ kubectl apply -f deploy.yml
deployment.apps/qsk-deploy configured
```

Kubernetes fängt dann an, die Pods zu ersetzen, einen nach dem anderen, mit 20 Sekunden Wartezeit zwischen jedem.

Beobachtung und Prüfung des Rolling Updates

Man kann den Vorgang mit folgendem Befehl beobachten. Die Ausgabe wurde gekürzt, um auf die Seite zu passen.

```
$ kubectl rollout status deployment qsk-deploy
Waiting for rollout to finish: 1 out of 5 have been updated...
Waiting for rollout to finish: 1 out of 5 have been updated...
Waiting for rollout to finish: 2 out of 5 have been updated...
Waiting for rollout to finish: 2 out of 5 have been updated...
Waiting for rollout to finish: 3 out of 5 have been updated...
Waiting for rollout to finish: 3 out of 5 have been updated...
Waiting for rollout to finish: 4 out of 5 have been updated...
Waiting for rollout to finish: 4 out of 5 have been updated...
Waiting for rollout to finish: 2 old replicas are pending termination...
Waiting for rollout to finish: 1 old replicas are pending termination...
deployment "qsk-deploy" successfully rolled out
```

Man kann die App auch im Web Browser öffnen und die Seite immer wieder erneuern. Manche Anfragen werden die Originalversion der Anwendung zeigen, andere die neue Version. Wenn alle fünf Replikate aktualisiert wurden, werden alle Anfragen nur noch die neue Version anzeigen.

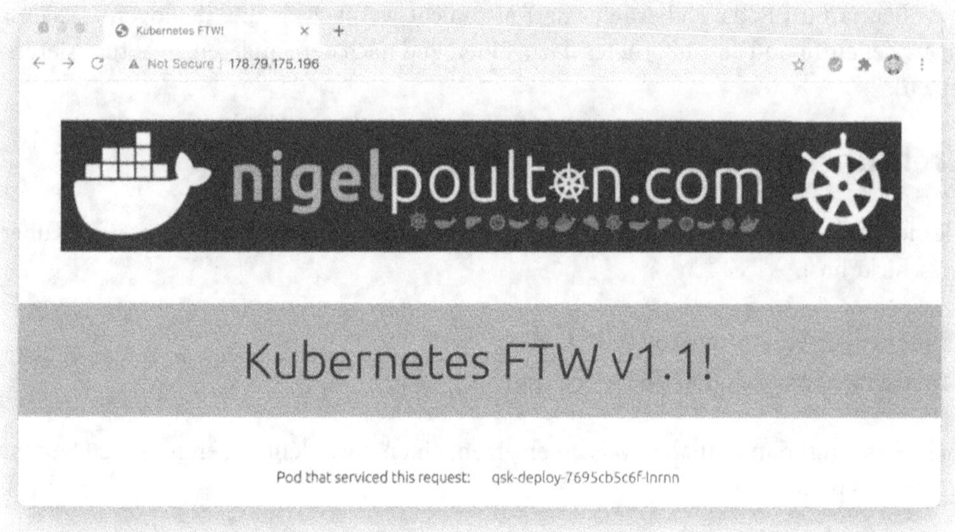

Abbildung 9.1

Glückwunsch. Wir haben erfolgreich ein Rolling Update einer Anwendung durchgeführt.

Aufräumen

Damit sind wir am Ende des Buches angekommen! Glückwunsch, jetzt kennst du dich mit den Grundlagen von Kubernetes und cloud-native Anwendungen aus.

Die folgenden Befehle zeigen, wie man das Deployment und den Service aus dem Cluster löscht.

Stelle sicher, dass du den richtigen Servicenamen für dein eigenes Cluster verwendest.

```
$ kubectl delete deployment qsk-deploy
deployment.apps "qsk-deploy" deleted

$ kubectl delete svc cloud-lb
service "cloud-lb" deleted
```

Wenn dein Cluster in der Cloud ist, **lösche es unbedingt wenn du es nicht mehr brauchst.** Sonst wird es womöglich unerwünschte Kosten mit sich tragen.

Kapitel Zusammenfassung

In diesem Kapitel haben wir gelernt, wie man Rolling Updates einer Anwendung durchführt, die mit dem Kubernetes Deployment Objekt bereitgestellt wurde.

Wir haben die Deployment YAML Datei bearbeitet und Anweisungen hinzugefügt, die die Art und Weise des Rolling Updates kontrolliert. Wir haben die Version eines Anwendungs-Images überarbeitet und die aktualisierte Konfiguration an Kubernetes geschickt. Dabei haben wir den Vorgang beobachtet und überprüft.

10: Und was jetzt?

Glückwunsch, du hast es geschafft, und ich hoffe, das Buch hat dir geholfen!

Wenn du alles gelesen hast und den Beispielen gefolgt bist, hast du jetzt die Grundlagen und bist bereit für weitere Schritte.

Hier sind ein paar Vorschläge. Natürlich empfehle ich hauptsächlich meine eigenen Materialien. Aber dafür gibt es einen guten Grund:

- Wenn dir dieses Buch gefällt, wird dir auch mein anderer Kram gefallen
- Ich bin ziemlich beschäftigt und kann daher nicht den Kram anderer Leute lesen und ausprobieren

Wenn dir das Ganze nicht so sehr gefallen hat, tut es mir leid. Aber so ist es wohl im Leben. Dir wird dann vermutlich mein anderes Zeug auch nicht gefallen. In dem Fall würde ich mich über Rückmeldung freuen.

Andere Bücher

Meine anderen Bücher, zum Beispiel *Das Kubernetes Buch*, wird regelmäßig als Bestseller auf Amazon aufgeführt und hat die meisten Amazon Stern Bewertungen aller Bücher mit dem Thema Kubernetes. Es ist im gleichen Stil geschrieben, wie dieses Buch, beinhaltet aber viel mehr und geht mehr ins Detail. Es wird jährlich aktualisiert. Wenn du es also kaufst, bekommst du das neueste und beste.

Abbildung 10.1

Es gibt auch eine Audio Version, von der man mir sagt, dass sie sich gut anhören lässt.

Ach ja, es gibt auch noch eine Klingonische Jubiläumsausgabe vom Kubernetes Buch! Diese Ausgabe hat einen Buchrücken auf Klingonisch mit einer besonderen Einführung. Der Rest des Buches ist dann auf Englisch. Wenn du Star Trek magst, dann ist das ein Muss.

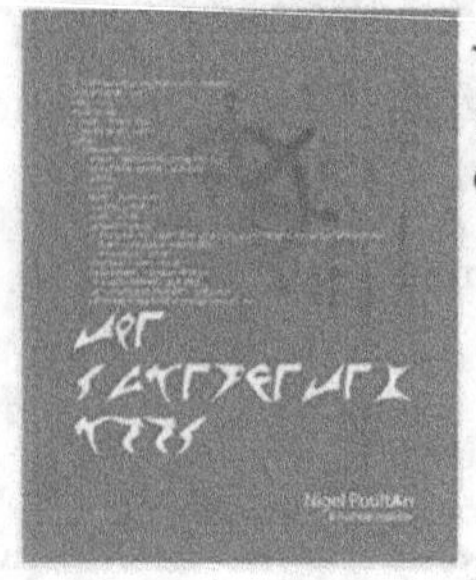

Abbildung 10.2

Video Kurse

Ich bin ein Riesenfan von Videokursen. Ist viel einfacher, Dinge zu erklären, und dabei auch noch viel spaßiger.

Ich empfehle Folgendes, und beide Plattformen haben in der Regel Angebote, wo man's ausprobieren kann, bevor man's kauft. Ist aber auf Englisch.

1. Docker and Kubernetes: The Big Picture (pluralsight.com)
2. Getting Started with Docker (pluralsight.com)
3. Getting Started with Kubernetes (pluralsight.com)
4. Kubernetes Deep Dive (acloud.guru)

Es gibt eine Liste aller meiner Video Kurse auf `nigelpoulton.com/video-courses`

Veranstaltungen

Ich bin ein Riesenfan von Gemeinschaftsveranstaltungen. Ich bevorzuge Veranstaltungen, wo man körperlich zugegen ist, aber wir hatten auch schon einige gute Livestream Veranstaltungen in den letzten Jahren.

Meine Lieblings Veranstaltung ist KubeCon und ich empfehle dir wärmstens, dort zu erscheinen.

Ich empfehle außerdem örtliche Gemeinschaftstreffen. Kannst ja mal das Folgende googeln und eines in deiner Nähe finden.

- "Kubernetes Meetup in meiner Nähe"
- "Cloud native Meetup in meiner Nähe"

Dazu musst du kurzzeitig jegliche VPN oder Browser Privatsphären ausschalten, damit die Suche funktioniert ;-)

Let's Connect

Ich mag Technologie sehr und genieße soziale Verbindungen mit meinen Lesern. Ich kann zwar kein kostenloser Tech Support sein, aber ich helfe natürlich gerne, wenn du irgendwo mit den Grundlagen nicht weiterkommst. Hab bitte bitte bitte keine Angst und nimm Kontakt mit mir auf, ich bin ein netter Typ :-D

- twitter.com/nigelpoulton
- https://www.linkedin.com/in/nigelpoulton/

Zeig' ein bisschen Liebe

Ich würde mich riesig über eine Rezension und Sternchen Bewertung auf Amazon freuen – auch wenn's keine 5 Sterne sind. Du kannst auch dann eine Amazon Bewertung schreiben, wenn du das Buch woanders her hast!

Live long and prosper. Ciao.

Anhang A: Laborcode

Dieser Anhang beinhaltet alle Laborübungen aus dem Buch, chronologisch geordnet. Er setzt voraus, dass du ein Kubernetes Cluster hast, Docker installiert hast, Git installiert hast, und kubectl konfiguriert hast, um mit deinem Cluster zu kommunizieren.

Er ist enthalten, um dir Durchläufe der Laborübungen für zusätzliche Praxis zu erleichtern. Er ist außerdem hilfreich, um einen speziellen Befehl oder ein spezielles Beispiel zu erinnern, dessen Kapitel du aber nicht erinnerst.

Kapitel 5: Erstellen einer containerisierten App

Erstelle einen Klon des GitHub Repos vom Buch.

```
$ git clone https://github.com/nigelpoulton/qsk-book.git
Cloning into 'qsk-book'...
```

Wechsle in das `qsk-book/App` Verzeichnis und führe eine `ls` Befehl zur Auflistung des Inhaltes aus.

```
$ cd qsk-book/App


$ ls
Dockerfile    app.js    bootstrap.css
package.json    views
```

Führe den folgenden Befehl aus, um das App Repo als Container Image zu erstellen. Der Befehl muss aus dem App Verzeichnis ausgeführt werden. Wenn du ein Docker Hub Konto hast, verwende deine eigene Docker ID.

```
$ docker image build -t nigelpoulton/qsk-book:1.0 .

[+] Building 66.9s (8/8) FINISHED                      0.1s
<Snip>
=> naming to docker.io/nigelpoulton/qsk-book:1.0       0.0s
```

Überprüfe, dass sich das Image nun auf deinem Computer befindet.

```
$ docker image ls
REPOSITORY                TAG      IMAGE ID        CREATED          SIZE
nigelpoulton/qsk-book     1.0      e4477597d5e4    3 minutes ago    177MB
```

Pushe das Image auf Docker Hub. Dieser Schritt funktioniert nur, wenn du ein Docker Hub
Konto hast. Ersetze die Docker Hub ID mit deiner eigenen.

```
$ docker image push nigelpoulton/qsk-book:1.0

f4576e76ed1: Pushed
ca60f24a8154: Pushed
0dcc3a6346bc: Mounted from library/node
6f2e5c7a8f99: Mounted from library/node
6752c6e5a2a1: Mounted from library/node
79c320b5a45c: Mounted from library/node
e4b1e8d0745b: Mounted from library/node
1.0: digest: sha256:7c593...7198f1 size: 1787
```

Kapitel 6: Ausführen einer Anwendung auf Kubernetes

Liste die Nodes in deinem K8s Cluster auf.

```
$ kubectl get nodes
NAME                         STATUS    ROLES     AGE   VERSION
lke16405-20053-5ff63e4400b7  Ready     <none>    5m    v1.23.0
lke16405-20053-5ff63e446413  Ready     <none>    5m    v1.23.0
```

Der folgende Befehl muss in dem Root Verzeichnis des GitHub Repos ausgeführt werden. Wenn du noch im App Verzeichnis bist, musst du dich mit dem "cd .." Befehl eine Ebene zurück bewegen.

Deploye die Anwendung, die in pod.yml definiert ist.

```
$ kubectl apply -f pod.yml
pod/first-pod created
```

Überprüfe, dass der Pod nun läuft.

```
$ kubectl get pods
NAME        READY   STATUS    RESTARTS   AGE
first-pod   1/1     Running   0          8s
```

Empfange detaillierte Information über den laufenden Pod. Die Ausgabe wurde gekürzt.

```
$ kubectl describe pod first-pod

Name:          first-pod
Namespace:     default
Node:          docker-desktop/192.168.65.3
Labels:        project=qsk-book
Status:        Running
IPs:
  IP:  10.1.0.11
<Snip>
```

Deploye den Service. Verwende svc-local.yml, wenn dein Cluster auf dem Laptop läuft. Verwende svc-cloud.yml, wenn dein Cluster in der Cloud läuft.

```
$ kubectl apply -f svc-cloud.yml'
service/cloud-lb created
```

Überprüfe die externe IP (öffentliche IP) des Service. Der Service hat nur eine externe IP, wenn er in der Cloud läuft.

```
$ kubectl get svc
NAME        TYPE          CLUSTER-IP      EXTERNAL-IP      PORT(S)
cloud-lb    LoadBalancer  10.128.29.224   212.71.236.112   80:30956/TCP
```

Du kannst dich über einen Browser mit der App verbinden. Für mehr Informationen, siehe Kapitel 6.

Führe die folgenden Befehle aus, um den Pod und Service zu löschen.

```
$ kubectl delete svc cloud-lb
service "cloud-lb" deleted
```

```
$ kubectl delete pod first-pod
pod "first-pod" deleted
```

Kapitel 7: Hinzufügen von Self-healing

Führe den folgenden Befehl aus, um die in `deploy.yml` definierte Anwendung zu deployen.

```
$ kubectl apply -f deploy.yml
deployment.apps/qsk-deploy created
```

Überprüfe den Status des Deployments und der Pods, die es verwaltet.

```
$ kubectl get deployments
NAME         READY   UP-TO-DATE   AVAILABLE    AGE
qsk-deploy   5/5     5            5            4m


$ kubectl get pods
NAME               READY   STATUS    RESTARTS   AGE
qsk-deploy-6999...wv8   0/1     Running   0          4m
qsk-deploy-6999...9n1   0/1     Running   0          4m
qsk-deploy-6999...g8t   0/1     Running   0          4m
qsk-deploy-6999...xp7   0/1     Running   0          4m
qsk-deploy-6999...17f   0/1     Running   0          4m
```

Lösche einen der Pods. Deine eigenen Pods haben andere Namen.

```
$ kubectl delete pod qsk-deploy-69996c4549-r59n1
pod "qsk-deploy-69996c4549-r59n1" deleted
```

Liste die Pods auf, um die neuen Pods zu sehen, die Kubernetes automatisch gestartet hat.

```
$ kubectl get pods
NAME                          READY   STATUS    RESTARTS   AGE
qsk-deploy-69996c4549-mwl7f   1/1     Running   0          20m
qsk-deploy-69996c4549-9xwv8   1/1     Running   0          20m
qsk-deploy-69996c4549-ksg8t   1/1     Running   0          20m
qsk-deploy-69996c4549-qmxp7   1/1     Running   0          20m
qsk-deploy-69996c4549-hd5pn   1/1     Running   0          5s
```

Kapitel 8: Skalieren einer App

Bearbeite die `deploy.yml` Datei und verändere die Anzahl an Replikaten von 5 zu 10. **Speichere deine Veränderungen**.

Sende das Deployment erneut an Kubernetes.

```
$ kubectl apply -f deploy.yml
deployment.apps/qsk-deploy configured
```

Überprüfe den Status des Deployments.

```
$ kubectl get deployment qsk-deploy
NAME            READY    UP-TO-DATE    AVAILABLE    AGE
qsk-deploy      10/10    10            10           4h43m
```

Verkleinere die App mit dem `kubectl scale` Befehl.

```
$ kubectl scale --replicas 5 deployment/qsk-deploy
deployment.apps/qsk-deploy scaled
```

Überprüfe die Anzahl an Pods.

```
$ kubectl get pods
qsk-deploy-bbc5cf95d-58r44    1/1    Running    0    4h55m
qsk-deploy-bbc5cf95d-6bqmk    1/1    Running    0    4h37m
qsk-deploy-bbc5cf95d-npk4c    1/1    Running    0    4h55m
qsk-deploy-bbc5cf95d-plcj2    1/1    Running    0    4h55m
qsk-deploy-bbc5cf95d-ps9nt    1/1    Running    0    4h37m
```

Bearbeite die `deploy.yml` Datei und verändere die Anzahl an Replikaten wieder zu 5 und **speichere deine Veränderungen**.

Kapitel 9: Durchführen eines Rolling Updates

Bearbeite die `deploy.yml` Datei und verändere die Image Version von `1.0` zu `1.1`.

Füge die folgenden Zeilen im `spec` Abschnitt hinzu.

```
minReadySeconds: 20
strategy:
  type: RollingUpdate
  rollingUpdate:
    maxSurge: 1
    maxUnavailable: 0
```

Speichere die Veränderungen.

Schicke die aktualisierte YAML Datei an Kubernetes.

```
$ kubectl apply -f deploy.yml
deployment.apps/qsk-deploy configured
```

Überprüfe den Status des Rolling Updates.

```
$ kubectl rollout status deployment qsk-deploy
Waiting to finish: 1 out of 5 new replicas have been updated...
Waiting to finish: 1 out of 5 new replicas have been updated...
Waiting to finish: 2 out of 5 new replicas have been updated...
<Snip>
```

Räume auf, indem du die Deployment- und Service Objekte löschst.

```
$ kubectl delete deployment qsk-deploy
deployment.apps "qsk-deploy" deleted
```

```
$ kubectl delete svc cloud-lb
service "cloud-lb" deleted
```

Fachbegriffe

Diese Sammlung definiert die meistgenutzten Begriffe dieses Buches in Bezug auf Kubernetes. Es sind nur jene Begriffe dabei, die auch im Buch verwendet werden. Für eine erweiterte Abdeckung, schau dir *Das Kubernetes Buch* an.

Schreib mir, wenn du der Meinung bist, dass ich was wichtiges vergessen hab':

- https://nigelpoulton.com/contact-us
- https://twitter.com/nigelpoulton
- https://www.linkedin.com/in/nigelpoulton/

Wie immer ... Ich weiß, manche Leute sind sehr leidenschaftlich, wenn es um ihre eigenen Definitionen von technischen Begriffen geht. Da hab' ich kein Problem mit, und ich bin auch nicht der Meinung, dass meine Definitionen besser sind – sie sind hier nur dabei, um zu helfen.

Begriff	Definition (nach Nigel)
API Server	Teil der K8s Control-plane, läuft auf Master Nodes. Jegliche Kommunikation mit Kubernetes geschieht über den API Server. kubectl Befehle und Antworten gehen ebenfalls über den API Server.
Beobachteter Status	Auch bekannt als *aktueller Status*. Die aktuellste Sicht auf den Cluster und die laufenden Anwendungen.
Deployment	Controller, der eine Reihe an statuslosen Pods deployt und verwaltet. Führt lRolling Updates durch, kann Dinge rückgängig machen und sich selbst heilen.
Cloud-native	Dies ist ein ziemlich beladener Begriff und hat verschiedene Bedeutungen für verschiedene Leute. Persönlich erkenne ich eine Anwendung als *cloud-native* an, wenn sie Self-healing, Skalierung nach Bedarf, und Rolling Updates betreiben und das ganze wieder rückgängig machen kann. In der Regel sind es Microservice Apps, die auf Kubernetes laufen.

Begriff	Definition (nach Nigel)
Cluster Storage	Control-plane Funktion, die den Status des Clusters und der Anwendungen speichert.
Container	Eine Anwendung, die so verpackt ist, dass sie auf Docker oder Kubernetes laufen kann. Genau wie jede Anwendung ist jeder Container ein virtuelles Betriebssystem mit seinem eigenen Prozessbaum, Verzeichnis System, geteiltem Speicher usw.
Container Runtime	Low-level Software, die auf jedem Cluster Node läuft, um Container Images zu empfangen, zu starten und zu beenden. Die bekannteste Container Runtime ist Docker, aber **containerd** wird die beliebteste Container Runtime für Kubernetes in der Zukunft.
Controller	Control-plane Prozess, der wiederholt den Cluster beobachtet und dafür sorgt, dass der beobachtete Status mit dem erwünschten Status übereinstimmt.
Service	Kubernetes Objekt für die Bereitstellung von Netzwerkzugriff für Apps, die auf Pods laufen. Kann in Cloud Plattformen integriert werden und internet-gerichtete Load Balancer deployen.
Erwünschter Status	Wie der Cluster und die Apps sein sollten. Zum Beispiel ist vielleicht der *erwünschte Status* einer Microservice Anwendung fünf Replikate des xyz Containers, der an Port 8080/tcp lauscht.
K8s	Kurzform von Kubernetes. Die 8 ersetzt die acht Buchstaben zwischen dem "K" und dem "s". Wird wie der Name "Kate's" ausgesprochen. Ist der Grund, warum Leute sagen, das Kubernetes' Freundin Kate heißt.
kubectl	Kubernetes Kommandozeile. Sendet Befehle an den API Server und fragt den Status ab.
Kubelet	Der Haupt Kubernetes Agent, der auf jedem Cluster Node läuft. Er beobachtet den API Server, reagiert auf neue Aufgaben und pflegt einen Kanal zum Reporting.

Begriff	Definition (nach Nigel)
Label	Metadata zur Gruppierung von Objekten. Zum Beispiel senden Services Informationen an Pods basiert auf passenden Labels.
Manifest Datei	YAML Datei, die die Konfiguration eines oder mehrerer Kubernetes Objekte speichert. Ein Service Manifest, zum Beispiel, ist in der Regel eine YAML Datei, in der die Konfiguration eines Service Objektes enthalten ist. Wenn man eine Manifest Datei an den API Server schickt, wird die Konfiguration in dem Cluster deployt.
Master	Cluster Node, auf dem Control-plane Services laufen. Der Kopf eines Kubernetes Clusters. Man sollte drei oder fünf deployen, um hohe Verfügbarkeit zu gewährleisten.
Microservice	Ein Designmuster für moderne Anwendungen. Anwendungsfunktionen werden in kleine separate Anwendungen unterteilt (Microservices/Container) und kommunizieren via APIs. Zusammen bilden sie eine nutzbare Anwendung.
Node	Auch bekannt als Worker Node. Diejenigen Nodes im Cluster, die die Nutzeranwendungen ausführen. Die meisten führen den kubelet Prozess und eine Container Runtime aus.
Orchestrator	Ein Stück Software, dass Microservice Apps deployt und verwaltet. Kubernetes ist der Orchestrator von Microservice Apps, die auf Containern basieren.
Pod	Eine leichte Verpackung, der es Containern ermöglicht, auf Kubernetes zu laufen. In einer YAML Datei definiert.
YAML	Yet Another Markup Language. Die Sprache zur Konfiguration von Kubernetes Konfigurationsdateien.